Collection de Feu M. G. POCHET

ESTAMPES

MODERNES

DEUXIÈME PARTIE

EXEMPLAIRE ... ...

Mᵉ **MAURICE DELESTRE**, Commissaire-Priseur

5, RUE SAINT-GEORGES, 5

MM. LÉON SAPIN ET **LOYS DELTEIL**

EXPERTS

EXEMPLAIRE ... ...

Aman Jean.

Nº		Code
9	[P]ort. de Verlaine [illegible]	PT — 3[illegible]
10	f[illegible] respicit [illegible]	P[illegible]

Andréas.

Nº		Code
11	Les [illegible] au [illegible]	E—
12	La base	E—
13	[illegible]	E—

Besnard

Nº		Code
33	[illegible] t	X S—

Blanche

Nº		Code
[illegible]	[illegible]	PS [illegible]

Bullat.

Nº		Code
7[illegible]	[illegible]	PT
80	Château [illegible]	AS—
84	La [illegible]	AS
90	[illegible]	RS
111	[illegible]	RT
11[illegible]	[illegible]	RS
116	La [illegible]	O[illegible]
1[illegible]	Le [illegible]	AS
123	L'[illegible]	R[illegible]
126	[illegible]	IT
12[illegible]	[illegible]	[illegible]S

[illegible].

Nº		Code
1[illegible]3	[illegible]	AS— [illegible]
1[illegible]	[illegible]	RT
155	[illegible]	[illegible]S
158	[illegible]	A[illegible]
160	[illegible]	I[illegible]

M. Cossett.

Nº		Code
162	Tête d'[illegible]	RS— 6[illegible]

[illegible].

Nº		Code
2[illegible]	[illegible]	PT

Dejanay

Nº		Code
232	[illegible]	PT— 1[illegible]

Dinet.

Nº		Code
234	Tête de f[illegible]	PT — 1[illegible]

Divers

Nº		Code
235	5p[illegible]	IT—

[illegible]

Nº		Code
238	[illegible]	AS— 44

[illegible] forts.

Nº		Code
[illegible]	[illegible]	RS— 2[illegible]
2[illegible]5	[illegible]	PE —

M. Eliot

Nº		Code
[illegible]	[illegible]	IS—

[illegible]

Nº		Code
[illegible]	[illegible]	PE [illegible]
255	[illegible]	IS— [illegible]

[illegible]

Nº		Code
[illegible]	Cain et Abel	PS—

Fantin Latour.

Nº		Code
2[illegible]3	Duo des [illegible]	AS—
266	[illegible] Berlioz	IS— [illegible]
2[illegible]	[illegible]	AS— [illegible]
27[illegible]	[illegible]	AS—
2[illegible]	Vénus [illegible]	TS— 9[illegible]

[illegible]

Nº		Code
288	[illegible]	PT—

[illegible]

Nº		Code
[illegible]	[illegible]	[illegible]
[illegible]	La [illegible]	[illegible]
2[illegible]	[illegible] Trouville	PT— 13

Gottlob

Nº		Code
3[illegible]3	[illegible]	PT—
32[illegible]	[illegible]	IT—
[illegible]	[illegible]	PS—
332	[illegible]	RS [illegible]
334	5p[illegible]	

CATALOGUE

DES

EAUX-FORTES

ET

LITHOGRAPHIES

CONDITIONS DE LA VENTE

Elle sera faite au comptant.

Les acquéreurs paieront **dix pour cent** en sus des adjudications.

MM. Léon Sapin et Loys Delteil rempliront les commissions que voudront bien leur confier les amateurs ne pouvant y assister ; ils se réservent, en outre, la faculté de diviser ou de rassembler les lots.

MM. les amateurs pourront visiter la collection, **67, rue Sainte-Anne**, du *Vendredi 7 au Mardi 11 Février*, de 10 heures à 4 heures, le **Dimanche 9 excepté**.

Collection de Feu M. G. POCHET

CATALOGUE

DES

EAUX-FORTES

ET

LITHOGRAPHIES

ŒUVRES DE

**BRACQUEMOND — BUHOT — CARRIÈRE
CHAHINE — FANTIN-LATOUR — HELLEU
LAUTREC — LEPÈRE — LUNOIS
MANET — ROBBE
STEINLEN — WILLETTE, etc.**

DEUXIÈME PARTIE

DONT LA VENTE AURA LIEU A PARIS

HOTEL DROUOT, SALLE N° 10

Les Mercredi 12, Jeudi 13, Vendredi 14 et Samedi 15 Fevrier 1902

A 2 HEURES PRÉCISES

Par le Ministère de M° **MAURICE DELESTRE**, commissaire-priseur,

5, RUE SAINT-GEORGES, 5

ASSISTÉ DE

M. LÉON SAPIN, libraire expert | **M. LOYS DELTEIL**, artiste graveur expert

3, RUE BONAPARTE, 3 | 67, RUE SAINTE-ANNE, 67

ORDRE DES VACATIONS

DÉSIGNATION

ALBERT (Adolphe).

1. **Au Café.** — Promenade au Bois. — Têtes de Femmes. — Le Corbeau.

    Six estampes monotypes, *signées*.

2. **Sujets divers.** Huit pièces in-4 gravées et lithographiées.

    Belles épreuves. quatre sont *signées*.

ALBUMS.

3. Paysages et scènes rustiques. Deux cents eaux-fortes par Ch. Jacque. Louis Marvy, Hervier, Bléry, etc., montées en 1 vol., in-4, cartonné.

    Belles épreuves.

4. **Germinal**, *albums de XX estampes originales*, par P. Bonnard, Carrière, A. Renoir, Rodin, Vuillard, etc. — Edition de « la Maison moderne. »

    Très belles épreuves sur papier de Chine ou du Japon, la plupart imprimées en couleurs, et renfermées dans un cartonnage spécial : feuille de texte par G. Geoffroy.
    Exemplaire n° 36.

5. **Lithographies originales. Album n° 1.** — Paris. *Duchatel.* Cinq pièces in-fol., par de Feure, Orazi, Jean Veber, Léandre et H. Boutet.

    Très belles épreuves dans le cartonnage de publication.

6. Album de la Revue Blanche, exempl. n° 13. — Images d'après Mallarmé, 1896 (tiré à 25 exempl. n° 9). — Le Crayon, 1er album. — Pages lithographiques, par F. Bouisset. Ensemble quatre recueils.

7. Album **Forain**. — En Israël, par Ch. Huard. — Paris et la Provence, par Léandre. — La Femme intime, par Bac. — Album par Stéphane. — Quelques tranches de vie, par Bac et autres — Celles qui dansent. — Celles qui aiment, par Gil Baer. — Entre Femmes, par Lami. — Broutilles Parisiennes, par H. Gerbault. — Des Femmes en chemise, par Couturier.

> Douze albums.

ALMANACHS.

8. Almanachs illustrés pour 1852, 1880, 1881, 1882, 1883 et 1884, par Malenson, Oudart, J. Adeline, P. Morel. Dix pièces.

> Belles épreuves.

AMAN-JEAN (Edmond).

9. Portrait de Paul Verlaine. — Profil de Femme. Deux lithographies in-4 et in-fol.

> Très belles épreuves sur Chine volant, la seconde imprimée en couleurs, *signée* et numérotée (n° 8.)

10. Tête de Femme. — Femme respirant une rose. Deux lithographies.

> Belles épreuves, la première sur papier de Chine volant, avec *dédicace.*

ANDRÉAS (A.).

11. Les Amazones du Rêve.

> Superbe épreuve imprimée en couleurs, numérotée (n° 4).

12. Le Baiser.

> Superbe épreuve imprimée en couleurs, *signée.*

13. Le Lever. Pointe sèche in-fol.

> Très belle et unique épreuve du 1er état, *signée.*

ANQUETIN (Louis).

14. Hercule et les chevaux de Diomède. Lithographie grand in-fol.

> Très belle épreuve sur Chine, numéroté.

15. Les Courses. Lithographie in-fol.

> Superbe épreuve imprimée en couleurs, timbrée et numérotée (n° 1.)

16. Don Quichotte et Sancho Pança. — Le Cavalier Louis XIII. — Femme nue se coiffant. — Les Courses (fac-simile). Quatre pièces.

    Belles épreuves.

17. Don Quichotte et Sancho Pança. — Le Jockey. — Etudes. — Invitation. Six pièces y compris une épreuve biffée.

    Belles épreuves, trois sont *signées*.

APOUX.

18. Vierges sages et vierges folles. — Sujets divers.
    Quatorze dessins et aquarelles, et quinze eaux-fortes ou pointes sèches. En tout vingt-neuf pièces.

APOUX, LOEVY, DACHERY.

19. Fantaisies lunaires. — Sorcières. — Péchés capitaux. — Les Etoiles. — Croquis divers. Cinquante pièces.

BAC.

20. Les Alcôves. — Nos Amoureuses. — Nos Femmes. — Femmes de Théâtre. — Les Fêtes Galantes. — Modèles d'artistes. Six albums in-4.

BARTHOLOMÉ (LÉON).

21. Repos. — L'Idiot. — Tête d'Etude. Deux eaux-fortes et une lithographie.

    Très belles épreuves *signées*, la première imprimée en deux tons.

BAYARD (d'après ÉMILE).

22. Illustrations pour *l'Immortel*, par Alphonse Daudet. Suite de cinquante-neuf planches gravées sur bois par Huyot.

    Très belles épreuves tirées à part, sur papier du Japon, dans le cartonnage de publication.

BELTRAND (JACQUES).

23. *Année 1897, Almanach orné de bois en couleurs imprimés à l'eau-forte.* Recueil contenant un titre, seize planches, gravés en bois, et douze pages de texte avec vignettes.

    Très bel exemplaire sur papier du Japon; *signé* et numéroté n° 1.

BERCHMANS.

24. Idylle antique. — Allégorie. — Profil de Femme casquée. —
Trois lithographies.

    Très belles épreuves, deux sont imprimées en couleurs et *signées*.

BERNARD (Valère).

25. L'Ame des Ruines. — Le Masque. — Femme au Griffon. — Le
Sphinx. — La Vigne. — Virgo Castissima. — Enfant pro-
digue. — Cul-de-lampe. Suite de six eaux-fortes et deux
vignettes de couverture.

    Très belles épreuves, *signées*.

BERTHON (Paul).

26. La Fille aux Houx. — La Femme aux Églantiers. — La Vierge
aux Lys. — La Florentine. — Sainte-Philomène. — La Dame
aux Hortensias. Suite de six lithographies, petit in-fol.

    Très belles épreuves sur papier du Japon.

27. Les Fils de la Vierge. — La Joueuse de Flûte. — Les Pipeaux.
— Scènes diverses. — L'Abside Notre-Dame. Treize pièces
imprimées en chromolithographie.

    Très belles épreuves, trois sont *signées*.

BERTRAND (Albert).

28. L'Embarquement pour Cythère, d'après Ant. Watteau. Grand
in-fol.

    Superbe épreuve imprimée en couleurs, sur papier du Japon, avec
remarque et numérotée (n° 3).

29. Causerie dans un Parc, d'après Ant. Watteau. In-fol.

    Superbe et rare épreuve d'artiste, numérotée 2 et *signée*, avec
remarque en marge et imprimée en couleurs.

BESNARD (Paul-Albert).

30. Portrait de Femme, en pied, assise. In-fol.

    Superbe épreuve imprimée en bistre, *signée*.

31. Portrait de Femme, de profil, à droite, 1884. In-4.

    Superbe épreuve d'essai. Rare.

32. Portrait d'Enfant (*Le B. à Villerville, 1887*). In-8.
Très belle épreuve, *signée*.

33. La Mort. In-4.
Très belle épreuve.

34. Dans les Cendres. In-fol.
Épreuve d'essai.

35. L'Abreuvoir. — Tête de négresse. Deux pièces.
Belles épreuves.

36. Modèle au repos. — Le Modèle endormi. — Étude de Femme nue. Trois pièces.
Très belles épreuves, *signées*.

BÉTOUT (Charles-Clément).

37. Théâtre de Foire. In-fol.
Superbe épreuve imprimée en couleurs, *signée* et numérotée n° 9.

BIGOT (G.).

38. Types japonais. Deux albums contenant ensemble soixante-quatre eaux-fortes.
Très belles épreuves, sur papier du Japon.

BLANC (Paul).

39. Types de Mendiants. Six eaux-fortes.
Très belles épreuves, *signées*.

BLANCHE (Jacques-Émile).

40. Le Thé. — Deux Fillettes assises sur un banc de jardin. Deux lithographies, in-fol. et grand in-fol.
Très belles épreuves, la seconde imprimée en 2 tons, *signée*.

BLY (W.).

41. *Baby's pets.* — London, *P. G. Huardel.* Suite de douze pièces.
Belles épreuves dans la couverture de publication.

BOILVIN (ÉMILE).

42. Portrait et quinze Vignettes, d'après Ch. Delort, pour les Œuvres d'Alf. de Musset (édition Jouaust). Deux suites (eauforte pure, et terminé, avant la lettre), soit ensemble trentedeux pièces.

> Très belles épreuves sur papier du Japon.

BONNARD (PIERRE).

43. Petites Scènes familières. Vingt-deux lithographies.

> Très belles épreuves *signées* ou *paraphées*.

BOTTINI (GEORGES).

44. La Femme à la Rose. — La Femme aux Iris. — Adresse d'Edmond Sagot. — Au Bar. Cinq pièces, la dernière gravée d'après Bottini, par Marry van der Zee.

> Belles épreuves imprimées en couleurs; trois sont *signées*.

45. Étude de Femme nue. — Scènes de Brasserie. Huit pièces; cinq sont gravées par Marry van der Zee, d'après G. Bottini.

> Belles épreuves imprimées en couleurs, *signées*.

BOUISSET (FIRMIN).

46. Souvenir de mes Cent Ans, Lasserre, 25 septembre 1900. — Le Baiser, 1901. Quatre lithographies in-fol.

> Belles épreuves, double état, avant et avec la lettre, sur papier de Chine.

BOURGET (CAMILLE).

47. Aux Halles, croquis. Six lithographies.

> Belles épreuves.

BOUTET (HENRI).

48. Suivie.... — Sur la Plage. — Le Bain. — La Femme au Sablier, etc. Onze eaux-fortes et lithographies.

> Belles épreuves d'artiste, la plupart *signées*.

49. Croquis Parisiens. — Types de Parisiennes. — Femme au Corset. — Autour d'Elles. — Menus. — Adresses, etc. Trentehuit pièces.

> Belles épreuves, la plupart en épreuves d'artiste.

50. La Femme au Corset. — Temps de pluie. — Liseuse. — Les
Modèles Parisiennes. — Almanach. — Menus, etc. Quarante-
cinq pointes sèches et lithographies.

> Très belles épreuves, la plupart sur Chine ou sur Japon, *signées*.

51. Autour d'Elles : Le Lever. — Le Coucher. — Le Bain. — Les
Modèles.

> Quatre albums in-4.

BOUTET DE MONVEL FILS (Bernard).

52. Sportsman, 1899. — Canal du Loing. Deux pièces in-fol.

> Superbes épreuves imprimées en couleurs, *signées* et numérotées.

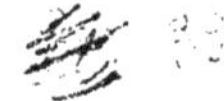

BOUVENNE (Aglaüs).

53. Sept dessins de Gens de lettres, V. Hugo, Mérimée, Edm. et J.
de Goncourt, Baudelaire, Th. Gautier, Asselineau, fac-similes
par A. Bouvenne, texte de Ch. Asselineau, Tourneux, etc. —
Paris, Rouquette, 1874.

> Recueil de sept planches in-fol., dans un cart., couv. imp. tiré à
> 70 exemplaires.

54. Vieilles Maisons, d'après un dessin de Victor-Hugo. Eau-forte,
petit in-fol.

> Très belle épreuve *signée* et numérotée (n° 5).

BRACQUEMOND (Félix).

55. Comte (Auguste), d'après J. Guichard (H. B. 23). Eau-forte inédite.

> Belle épreuve.

56. La Seine au Bas-Meudon (H. B. 187). — La Scierie du Bas-
Meudon (188). Deux pièces in-4.

> Très belles et rares épreuves du premier état à *l'eau-forte pure*.

57. Le Pécheur à l'Épervier (H. B. 189, premier état). — Les Saules
des Mottiaux (190, troisième état). — Le Bateau de Teintu-
rier (192). — Les Trembles. Cinq pièces.

> Très belles épreuves.

58. Le Vieux Coq (H. B. 222).

> Très belle et très rare épreuve du deuxième état, sur Japon, avec
> dédicace *signée*. Il n'a été tiré que 6 épreuves de cet état.

59. La Nuée d'orage (H. B. 219).

> Très belle et très rare épreuve du septième état, avant que toute la partie gauche du ciel ait été effacée ; elle est tirée sur Japon.

60. Un Buveur, d'après Alex. Lafond (H. B. 241). Eau-forte.

> Belle et très rare épreuve du deuxième état, avant l'adresse de Pierron, tirée sur papier ancien.

61. Boissy d'Anglas à la Convention, d'après Eug. Delacroix (H. B. 341).

> Très belle épreuve du huitième état, *avant la lettre*, sur papier du Japon, avec *dédicace* à François Bonvin.

62. La Rixe, d'après Ern. Meissonier (H. B. 349).

> Très belle et très rare épreuve du deuxième état, tiré à dix épreuves seulement.

63. La même estampe.

> Superbe épreuve du sixième état, non entièrement terminé, tirée sur papier du Japon.

64. Ex-libris Manet, Christophe et Aglaüs Bouvenne (H. B. 508-510), trois ex-libris gravés sur la même planche, 1875. Premier état. — Ex-libris Ph. Burty (514), 2 épreuves. Trois pièces.

> Très belles épreuves, la première fort rare.

65. Service de Table, de la maison Rousseau 1866 (H. B. 530-554). Suite complète de 25 eaux-fortes in-fol.

> Superbes épreuves tirées sur papier du Japon. De toute rareté. On y a joint trois planches de décoration pour un autre service. En tout vingt-huit pièces.

66. Le Canard, titre pour *les Graveurs du XIXe siècle* (H. B. 794).

> Belle et très rare épreuve du premier état, au *trait*.

67. Le Printemps (H. B. 787). — L'Automne (788). Deux eaux-fortes in-fol., d'après J. F. Millet, faisant pendants.

> Belles épreuves *avant toutes lettres*, sur papier de Chine volant.

68. L'Arc-en-ciel, 1893. Eau-forte grand in-fol.

> Superbe épreuve tirée sur parchemin, *signée* et numérotée (n° 4).

69. La même estampe.

> Très belle épreuve imprimée en couleurs sur papier du Japon.

70. Dans le Verger, 1894. Lithographie in-fol.

> Deux très belles épreuves sur Chine.

71. Le Haut d'un battant de porte (H. B. 110, 5° état). — Margot a
Critique (113, 3° état). — Ils s'en allaient dodelinant... (125).
Panurge sortant de chez Raminagrobis (126, 2° état). — La
Terrasse de la Villa Brancas (215, 7° état). — Roseaux et
Sarcelles (224). — Les Hirondelles (225). Sept pièces.
> Belles épreuves.

72. Astruc (Zacharie). — Gautier (Théophile). — Le Canard. —
Margot la Critique. — La Mort du Matomore. — Sept eaux-
fortes.
> Belles épreuves.

73. Portraits et sujets divers. Vingt-six pièces.
> Belles épreuves.

BRADLEY (W. H.).

74. *Twelve cover designs*, suite de douze planches, dans la couverture de publication.
> Bel exemplaire, numéroté.

BUHOT (Félix).

75. *Japonisme, dix eaux-fortes, par Félix Buhot, avril* 1885 (G. Bour-
card, 11-20). Suite complète de dix planches dans la couverture de publication.
> Très bel exemplaire, sur papier du Japon, numéroté n° 2 : la cou-
> verture défraîchie.

76. La même suite.
> Très bel exemplaire sur papier de hollande, numéroté (n° 44) : dédi-
> cace à la première planche.

77. Ma petite Ville, 1re planche (G.B. 27). — Les Anes de la Butte-
aux-Cailles (74). — Les Gardiens du Logis (76, 2° état). —
Le petit Enterrement (154, 2° état). Quatre pièces in-12 et
in-8.
> Très belles épreuves, portant le *timbre* du graveur.

78. Pêcheurs de varech (G. B. 36 *bis*). — Environs de l'ancien
Collège Rollin (38). — Feuille d'Anes du Midi (40, 1er état). —
Le Puits de la Butte-aux-Cailles (41, 2° état). — Le Diable
imprimeur (50). — Quatre Anons dans un pré (54). — Six
petites pièces.
> Belles épreuves.

79. Pierrot pendu, ex-libris de R. Lesclide (G. B. 49).
> Très belle épreuve du 2° état.

80. Ex-libris de Léon Lerey (G. B. 51). — Le Château des Hiboux
(168). — Deux sujets gravés sur le même cuivre.

> Très belle épreuve tirée en deux tons, très rare.

81. Quatre Anons dans un pré (G. B. 54, 2e état). — Croquis d'Anes
(55). — L'Anesse Marie-Jeanne (56). — L'Entrée de Landemer (57, 2e état). — Cacoletière assise (58, 2e état). Cinq
pièces.

> Belles épreuves.

82. L'Entrée de Landemer (G. B. 57, 2e état). — L'Ane et la vieille
(59, 2e état). — Spleen et Idéal (73, 2e état). — Les Anes de la
Butte-aux-Cailles (74). — Les Chiffonniers (75). — Ex-libris
pour *l'Ensorcelée* (116, 2e état). — Zigzags d'un Curieux, frontispice (172, 2e état). Sept pièces.

> Belles épreuves.

83. La Maison d'Orléans, à Valognes (G. B. 65, 2e état). — Pluie
et parapluie (68, 2e état). — La Ronde de nuit (70, 2e état). —
Une Matinée d'Automne (71, 2e état). Quatre pièces.

> Belles épreuves, une signée.

84. Le Réveillon, 1872 (G. B. 67).

> Très belle épreuve d'artiste, tirée sur papier ancien.

85. Vignettes pour *l'Ensorcelée* (G. B. 85 et 89). Deux pièces.

> Très belles et rares épreuves d'état.

86. Le Chevalier Destouches (G. B. 91-95). Suite de cinq vignettes.

> Très belles épreuves avant que les croquis dans les marges, n'aient
> été enlevés.

87. Une Vieille Maîtresse (G. B. 99-108). — Suite complète de dix
vignettes pour le roman de Barbey d'Aurevilly.

> Très belles épreuves du 3e état, avec les marges *symphoniques*; elles
> sont tirées sur papier du Japon. On y a joint le portrait de Barbey d'Au-
> revilly, par Rajon.

88. *Lettres de mon Moulin* (G. B. 109-113). Titre et suite de quatre
vignettes, pour le roman d'Alph. Daudet, chaque planche en
quatre états, soit en tout vingt pièces.

> Très belles épreuves.

89. Ire idée du Frontispice, pour *l'Ensorcelée* (G. B. 114). 2me idée
pour le même Frontispice (115). — Ex-libris pour l'Ensorcelée (116, 1er état), 3 épreuves. Cinq pièces fort rares.

> Très belles épreuves sur papier essencé, *signées*.

90. Vignette *inédite*, pour *l'Ensorcelée* (G. B. 117, 1er et 2e états). — Vignettes *inédites* pour *Une vieille Maitresse* (119-120). Quatre pièces fort rares.

   Très belles épreuves, *signées*.

91. Un grain à Trouville (G. B. 122, 4e état).

   Très belle épreuve tirée sur Japon et timbrée.

92. Une Matinée d'hiver au quai de l'Hôtel-Dieu. (G. B. 123).

   Trois belles épreuves des 2e, 3e et 4e états, les deux dernières en *épreuves d'artiste*, *signées* ou timbrées.

93. Frontispice pour *l'Illustration nouvelle*, 1877 (G. B. 124, 4e état). — Le retour des Artistes (125, 4e état), 3 épreuves. — Embarcadère à Trouville (126, 3e état). Cinq pièces.

   Belles épreuves.

94. La Fête nationale au Boulevard Clichy, 1878 (G. B. 127).

   Très belle épreuve du 5e état, tirée en 2 tons et timbrée.

95. La même estampe.

   Superbe épreuve en même état.

96. La Place Bréda, ou l'Hiver à Paris, 1879 (G. B. 128).

   Deux très belles épreuves, des 3e et 5e états, la première tirée sur papier du Japon.

97. La Place Pigalle en 1878 (G. B. 129).

   Deux très belles épreuves du 5e état, timbrées, une imprimée en bistre.

98. Un Débarquement en Angleterre (G. B. 130).

   Très belle épreuve du 5e état, tirée sur Japon, et timbrée.

99. Une Jetée en Angleterre, 1879 (G. B. 132).

   Deux très belles épreuves du 2e état, timbrées, une tirée sur papier de Chine.

100. La Traversée (G. B. 143).

   Deux superbes épreuves des 1er et 2e états, timbrées, une est *signée*.

101. La Dame aux cygnes (G. B. 144, 3e état). — L'Orage, d'après Constable (145, 2e et 3e états). Trois pièces.

   Très belles épreuves sur papier du Japon, timbrées.

102. Le Peintre de Marine (G. B. 146, 2e état). — Les Voisins de campagne (148, 5e états). Deux pièces.

   Très belles épreuves, timbrées.

103. Les petites Chaumières (G. B. 149). — Les grandes Chaumières (150, 5ᵉ état). — Les Bergeries (151, 4ᵉ état). Trois pièces.

> Très belles épreuves, timbrées, deux tirées sur papier du Japon.

104. La Chapelle Saint-Michel à l'Estre (G. B. 152, 4ᵉ état.) — La petite Marine (153, 5ᵉ état), et contre-épreuve. — Le petit Enterrement (154, 2ᵉ état).

> Cinq pièces. Très belles épreuves, quatre sont timbrées.

105. Westminster Palace, 1884 (G. B. 155).

> Superbe épreuve du 5ᵉ état, avant que les mots : *in progress* n'aient été effacés.

106. La même estampe.

> Superbe épreuve du 6ᵉ état, imprimée en 2 tons, timbrée.

107. Westminster Bridge (C. B. 156).

> Superbe épreuve du 6ᵉ état, timbrée.

108. La même estampe.

> Très belle épreuve du 6ᵉ état, sur papier du Japon, timbrée.

109. Environs de Gravesend (G. B. 157).

> Deux superbes épreuves des 2ᵉ et 6ᵉ états, timbrées, la première, *signée*.

110. Environs de Gravesend (G. B. 157).

> Superbe épreuve sur Chine volant, de l'état intermédiaire tiré à deux épreuves seulement, et signalé par M. Bourcard.

111. Matinée d'Hiver sur les quais (G. B. 158).

> Belle épreuve du 3ᵉ état, timbrée.
> N. B. Cette pièce est une variante de l'œuvre bien connue de Buhot : *Les Fiacres*.

112. Convoi funèbre au Boulevard de Clichy, 1887 (G. B. 159).

> Superbe épreuve du 3ᵉ état, imprimée en trois tons, timbrée.

113. Les Esprits des Villes mortes, 1886 (G. B. 160).

> Deux très belles épreuves des 3ᵉ et 5ᵉ états, la seconde tirée avec fausses marges symphoniques; on y a joint une contre-épreuve du 3ᵉ état. Ensemble trois pièces.

114. Le Hibou, 1883 (G. B. 161).

> Très belle épreuve du 4ᵉ état, tirée en deux tons et *signée*.

115. La Place des Martyrs et la Taverne du Bagne (G. B. 163).

> Superbe et très rare épreuve du 1ᵉʳ état, *signée*.

116. La même estampe.

> Superbe épreuve du 3ᵉ état, sur papier essencé, timbrée.

117. **La Falaise, Baie de Saint-Malo** (G. B. 165).

Deux très belles épreuves, une avec de fausses *marges symphoniques*, la seconde imprimée à *l'essence*, *signée*.

118. **Les Oies** (G. B. 166).

Très belle épreuve du 2e état, tirée sur papier ancien.

119. **La même estampe.**

Superbe épreuve du 1er état, tirée sur papier verdâtre, *signée* et timbrée.

120. **Baptême Japonais**, 1887 (G. B. 167). — **Frontispice pour les** *Salles d'Estampes en Province*, 1887 (171). **Deux pièces.**

Très belles épreuves.

121. **La Messe de Minuit**, 1887 (G. B. 169).

Superbe épreuve sur papier essence, *signée* et timbrée. Très rare.

122. **La même estampe.**

Superbe épreuve sur papier essence, signée.

123. **L'Église de Jobourg** (G. B. 170).

Très belle et rare épreuve du 1er état, timbrée.

124. **Frontispice pour les** *Zigzags d'un Curieux*, d'Oct. Uzanne (G. B. 172).

Cinq épreuves des 1er, 2e, 3e et 4e états, une sur papier du Japon.

125. **La Tiare offerte au Pape Léon XIII** (G. B. 173). **In-fol.**

Superbe épreuve du 3e état, timbrée.

126. **Chaumière de Pêcheur** (G. B. 180). **Lithographie in-fol.**

Très belle épreuve du 2e état, avant que les *croquis* n'aient été effacés.

127. **Le petit Chasseur** (G. B. 181). **Lithographie in-fol.**

Très belle épreuve du 2e état.

128. **The Victoria clock tower London** (G. B. 184). — **The Embankment Westminster. Deux lithographies.**

Belles épreuves.

129. **Croquis et Paysages. Sept eaux-fortes et lithographies.**

Belles épreuves.

130. **Épreuves de planches** *biffées*. **Dix-neuf épreuves.**

BURGER (FRITZ).

131. **Études de Femmes. Sept lithographies.**

Belles épreuves, la plupart *signées*.

BURNEY (Eugène).

132. M<gr> de Ségur, d'après C. F. Gaillard (II. B. 16.)
> Deux belles épreuves, une *avant la lettre*, tirée sur papier du Japon.

CALDAIN (Jean de).

133. *Je regardais et je vis*, 1896. Album de six lithographies, tiré à 25 exemplaires.
> Exemplaire n° 14.

134. Visions Chastes. Suite de six lithographies pet. in-fol.
> Très belles épreuves dans la couverture de publication.

135. Compositions mystiques et symboliques. Vingt-quatre lithographies.
> Belles épreuves *signées* et numérotées.

136. Sujets mystiques et symboliques. Vingt-cinq lithographies.
> Très belles épreuves, *signées*.

CANALS (Ricardo).

137. La Danseuse Espagnole. Planche grand in-fol.
> Superbe épreuve imprimée en couleurs, *signée*; a été tirée à 25 épreuves seulement.

138. Scènes Espagnoles. Deux eaux-fortes in-fol.
> Très belles épreuves, *signées*, une imprimée en plusieurs tons.

CAPPIERS (H.).

139. Une Laiterie en Belgique. Lithographie in-fol.
> Très belle épreuve imprimée en couleurs.

CARRIÈRE (Eugène).

140. Portrait de M<me> Eug. Carrière. Lithographie in-4.
> Deux très belles épreuves d'artiste, sur Chine volant.

141. Portrait d'Alphonse Daudet. Lithographie in-fol.
> Très belle épreuve sur papier fort, *signée* et timbrée.

142. Le même Portrait.
> Très belle épreuve, imprimée en bistre.

143. **Le même Portrait.**
Très belle épreuve sur Chine volant.

144. **Portrait de Jean Dolent, littérateur et amateur. Lithographie.**
Deux très belles épreuves sur papier du Japon et sur papier de Chine volant, une imprimée en bistre.

145. **Portrait d'Edmond de Goncourt. Lithographie in-fol.**
Deux très belles épreuves signées, une portant la mention : *Bon à tirer*. On y a joint une épreuve de la pierre rayée. En tout trois pièces.

146. **Le même Portrait.**
Très belle épreuve sur Chine fixé.

147. **Portrait de Puvis de Chavannes. Lithographie in-fol.**
Très belle épreuve, sur papier fort, *signée*.

148. **Le même Portrait.**
Deux belles épreuves d'état différent.

149. **Portrait d'Henri Rochefort. Lithographie in-fol.**
Très belle épreuve sur papier fort, *signée*.

150. **Le même Portrait.**
Très belle épreuve sur Chine fixé.

151. **Portrait d'Auguste Rodin. Lithographie in-fol.**
Très belle épreuve sur papier fort, *signée*.

152. **Le même Portrait.**
Très belle épreuve sur Chine volant.

153. **Portrait d'Auguste Rodin. Lithographie in-fol.**
Belle épreuve du 1ᵉʳ état, *non terminé*, tirée sur Chine volant.

154. **Affiche pour l'Exposition particulière d'Auguste Rodin, 1900. Lithographie grand in-fol.**
Très belle épreuve d'artiste sur papier du Japon, *signée* et numérotée (n° 18).

155. **Portrait de Paul Verlaine. Lithographie in-fol.**
Superbe épreuve sur Chine fixé, portant la mention : *Bon à tirer*, *signée*.

156. **Le même Portrait.**
Superbe épreuve sur papier fort, *signée*.

157. **Tête de jeune Femme, vue de face. Lithographie in-fol.**
Deux très belles épreuves sur Chine volant, une imprimée en sanguine.

158. Portraits d'Enfants, en buste. Quatre lithographies in-fol.

Belles épreuves sur Chine, deux sont *signées*.

159. Le Baiser maternel. Lithographie in-fol.

Très belle épreuve sur papier du Japon, *signée*.

160. La Liseuse. Lithographie in-fol.

Deux très belles épreuves sur Chine volant, *signées*, une imprimée en bistre.

CASSATT (MARY).

161. La Jeune Mère. Pointe sèche en couleurs.

Très belle épreuve *signée*, timbrée et numérotée n° 8.

162. Au Théâtre. — Portrait de Femmes. — Tête d'Enfant. — Mère et Enfant. Quatre pièces.

Belles épreuves *signées*, la dernière en *épreuve d'état*.

CHAHINE (EDGAR).

163. Portrait de Mlle J. E.***, 1900.

Superbe épreuve tirée avant *l'aciérage* de la planche.

164. Portraits de Femmes. Deux pièces in-fol.

Très belles épreuves, *signées*, une en épreuve d'essai.

165. Portrait d'une Italienne, in-fol.

Superbe épreuve d'essai, *signée*.

166. Anatole France dans son cabinet de travail, 1900. In-fol.

Très belle épreuve, *signée*.

167. Portraits d'Hommes : Allat, professeur de boxe. — Cornely. — Forthuny. — Alfred Stevens. Quatre pièces.

Très belles épreuves, *signées*, la dernière sur Japon.

168. Ada, 1901. Petit in-fol.

Superbe épreuve imprimée en bistre, *signée*.

169. Far Niente. In-fol.

Superbe épreuve imprimée en bistre, *signée*.

170. Chemineau, in-fol.

Superbe épreuve, *signée*.

171. **La Vieille mendiante à la porte de l'Eglise, in-fol.**
Superbe épreuve sur Japon, *signée.*

172. **La Vieille Femme, in-fol.**
Deux superbes épreuves, dont une du 1ᵉʳ état, *avant le fond,* *signées.*

173. **Marchande des quatre saisons (bords de la Seine). In-fol.**
Superbe épreuve sur papier du Japon, *signée* et numérotée (n° 1).

174. **Les Malheureux, 1901. Eau-forte, in-fol.**
Superbe épreuve, *signée,* timbrée et numérotée (n° 6).

175. **Au Château-Rouge. In-fol.**
Deux très-belles épreuves d'états différents, *signées.*

176. **Le Trottoir. In-fol.**
Superbe épreuve imprimée en couleurs, *signée.*

177. **Types de Trottoir.**
Trois épreuves d'états complètement différents, une imprimée en couleurs; *signées.*

178. **Le Canal de la Villette. — Roulotte de Chiffonniers. Deux pièces in-fol.**
Très belles épreuves, *signées,* la seconde sur papier du Japon.

179. **Chez Maxim. — A la Brasserie. — Femme au Revert coat. Trois pièces in-fol.**
Très belles épreuves *signées*; la dernière est une épreuve *unique.*

180. **A la Place Clichy, deux compositions différentes. — Les Dormeurs. — Un Gueux.**
Quatre pièces. Très belles épreuves *signées,* deux imprimées en plusieurs tons.

181. **Au Casino. — La Terrasse. — Les Coussins. — Gigolettes.**
Quatre pièces. Très belles épreuves, *signées,* la seconde sur Japon.

182. **L'Enlèvement des ordures. — Un coin de Paris. — L'Abside de Notre-Dame de Paris. — Dormeuses sur les Quais. Cinq pièces in-fol., y compris une planche en deux états.**
Très belles épreuves, *signées* et numérotées.

183. **Demoiselle au Tennis. — Marchande des quatre saisons. — A la Foire. — Déménagement de chiffonniers. — Croquis divers.**
Neuf pièces. Belles épreuves, *signées.*

184. Parisienne. — Au bar. — Contraste. — Types de trottoir. —
Chanteuses de Café-concert. — Mendiant de Montmartre.
— Types de la rue. Douze pièces.

> Très belles épreuves, la plupart en épreuve d'essai, plusieurs fort rares, *signées*.

185. Planches de Croquis. — Menus. — Adresses. — Essais divers.
Quatorze pièces.

> Très belles épreuves, la plupart en épreuves d'essai, plusieurs fort rares, *signées*.

186. Planches de Croquis. — Essais divers. Quatorze pièces.

> Belles épreuves, la plupart fort rares.

CHAIGNEAU (Ferdinand).

187. La Rentrée du Troupeau. Eau-forte in-fol.

> Très belle épreuve sur papier du Japon. avec *remarques*.

CHARPENTIER (Alexandre).

188. La Petite Bretonne. Lithographie en couleurs, avec rehauts
de gauffrage.

> Six très belles épreuves comprenant la série complète du tirage de chaque planche en couleur, la dernière signée et numérotée n° 2 .

189. *En Zélande, six lithographies gauffrées.* Douze pièces in-fol..
y compris divers états de plusieurs des planches.

> Très belles épreuves, la plupart signées et numérotées.

190. Bretonne tricotant. — Bretonne dans sa cuisine. — Bretonne
tenant un enfant. — Bretonne en bateau. Six lithographies
in-fol., y compris deux doubles en tirage différent.

> Très belles épreuves. quatre imprimées en couleurs.

191. Puvis de Chavannes. — Figures diverses. Trente pièces.

> Belles épreuves.

CHAUVEL (Théophile).

192. L'Orage, d'après Diaz (Loys Delteil 70, 1° état). — Un Coin de
bois, d'après Dupré (72, 5° état). Deux eaux-fortes in-4.

> Très belles épreuves sur papier de Chine volant.

193. *Fourteen proof etchings by Théophile Chauvel.* — Recueil, avec texte par J. Comyns Carr, contenant quatorze eaux-fortes tirées *sans lettre*, sur papier du Japon, des plus belles planches de Th. Chauvel, d'après Rousseau, Diaz, Daubigny, etc.

> Bel exemplaire.

CHÉRET (JULES).

194. L'Éventail, pour *l'Estampe Française*. Lithographie in-fol.

> Très belle épreuve tirée en sanguine, sur teinte.

CHIFFLART (FRANÇOIS).

195. Le Rappel. Eau-forte.

> Très belle épreuve.

COPPIER (CHARLES).

196. Le Dante. Eau-forte in-4.

> Superbe épreuve imprimée en couleurs, *signée*.

COURBOIN (FRANÇOIS).

197. Mort de L. de Vinci, d'après Bonington. — Mlle de Maupin, d'après F. Rops. — Le Bénédicité, d'après Chardin. — Études et croquis divers. Vingt-quatre pièces.

> Belles épreuves d'artiste, la plupart *signées*.

COURTRY (CHARLES).

198. La Finette. — L'Indifférent, deux pièces d'après Ant. Watteau, faisant pendants (H. B. 54-55).

> Belles épreuves du 1er état, à l'eau-forte pure, sur papier du Japon, avec *dédicace*.

CRANE (WALTER).

199. *Illustrations to Shakespeare's Tempest, by Walter Crane*, 1893. — London, *Dent*. Suite d'un frontispice et huit gravures sur bois, tirés sur Japon pelure et renfermés dans l'emboîtage orné de l'éditeur.

DARBOUR (Gaston).

200. Loge d'artiste. In-fol.

> Superbe épreuve imprimée en couleurs, *signée* et numérotée (n° 3).

201. Celles qu'on ignore! — La Femme au Hibou. — Le petit Déjeuner. Trois pièces in-fol.

> Très belles épreuves imprimées en couleurs, *signées* et num érotées.

202. La Femme examinant un Fauteuil. — L'Ouvrière. — Bustes de Femmes et de Fillettes. Sept pièces.

> Belles épreuves, *signées* (sauf une), cinq imprimées en couleurs.

DANSE (Louise).

203. Dix Eaux-fortes originales et inédites, dédiées à Mme la Duchesse d'Ursel, 1888. Suite de dix pièces dans la couverture de publication.

> Très belles épreuves.

DE FEURE (Georges).

204. Bruges Mystique et Sensuelle, suite de dix lithographies in-fol., dans la couverture de publication.

> Très belles épreuves sur papier du Japon, *signées* et nu mérotées (n° 2): cette suite n'a été tirée qu'à vingt exemplaires.

205. Titre. — L'Huître préférée. — Faust. — Suivie. — Scènes diverses. Dix lithographies.

> Très belles épreuves, la plupart imprimées en couleurs, *signées* et numérotées.

206. Surprises! — A Verlaine. — Le Meurtre. — Dernier amant. — L'Infini. — La Princesse Maleine. — Onze lithographies.

> Très belles épreuves, *signées*, plusieurs imprimées en divers tons.

207. Les trois Mendiants. — Scènes diverses. — Treize lithographies.

> Très belles épreuves, plusieurs imprimées en couleurs, *signées*.

DELATRE (Auguste et Eugène).

208. Montmartre, 8 pl., avec couverture. — Paysages. — Trentequatre eaux-fortes.

> Belles épreuves.

DELATRE (EUGÈNE).

209. Portraits d'Auguste Delatre, imprimeur, père de l'artiste. —
Portraits d'Enfants. — Quatre pièces.

Très belles épreuves, *signées*, trois imprimées en couleurs.

210. La Couturière. — Aux Folies-Bergère. — Une rue à Montmartre. — Repos. — Six pièces y compris un double.

Très belles épreuves imprimées en couleurs, *signées*.

211. La Femme à l'Ombrelle. — La Lecture. — Devant le Moulin-
Rouge. — Conciliabule. — Femme nue au bord de l'eau. —
Études de Têtes. — Scènes diverses. — Dix pièces.

Belles épreuves, *signées* la plupart en épreuves d'artiste, plusieurs
imprimées en couleurs.

DELCOURT (MAURICE).

212. Première Communiante, 1899. Bois en couleurs.

Superbe épreuve sur Japon, numérotée (n° 7).

213. La Toilette. — Promenade. — Portrait. Bois en couleurs.
Cinq petites pièces.

Très belles épreuves, une imprimée en noir, quatre tirées sur
papier du Japon.

DELHOMA (MAXIME).

214. Légendes Chrétiennes, 1899. — Six lithographies in-fol.

Très belles épreuves imprimées sur teinte.

DELTEIL (LOYS).

215. La Pastelliste, 1896. — Eau-forte in-fol., tirée à dix exemplaires.

Très belle épreuve, *signée*.

216. Portraits : Bracquemond (Félix). — Buhot (Félix). — Renouard
(Paul). — Villiers de l'Isle Adam. — Gaillard (C. F.). —
Boilvin (Émile). — Goncourt (Edm. de). — France (Anatole).
Vingt-deux pièces.

Belles épreuves en divers états, *signées*.

217. **Paysages et Marines, d'après Eugène Boudin. — Le Baiser de l'Aïeule, d'après J. Dampt. — Compositions pour les Fleurs du Mal, d'après Béronneau. Vingt-deux pièces.**

Belles épreuves, la plupart en épreuves d'essai, signées.

218. **Sujets divers. — Vignettes. — Portraits. — Objets d'art. Trente-deux pièces, la plupart en épreuves d'essai.**

DENIS (MAURICE).

219. **Le Bénédicité, 1895. Lithographie in-fol.**

Très belle épreuve en couleurs, *signée* et numérotée (n° 2).

220. **La Visitation. — Jeune Mère. Deux lithographies.**

Belles épreuves imprimées en couleurs, numérotées, la première *signée*.

221. *Amour, douze lithographies en couleurs.* **— Paris, *Vollard*. Suite complète d'un frontispice et de douze lithographies.**

Très belles épreuves.

222. **La même suite.**

Très belles épreuves.

DESBOUTIN (MARCELLIN).

223. **Henri Rochefort, 1879 (H. B. 69).**

Très belle et rare épreuve avant le fond, *signée*.

224. **Portrait de Paul Verlaine, 1896.**

Pointe-sèche in-fol. Superbe épreuve, *signée*.

225. **Desboutin, par lui-même. — Willette. — Le Comte Lepic. — Bruant. — Courbet. — Levraud, etc. Seize pièces.**

Belles épreuves.

D'ESPAGNAT (GEORGES).

226. *Cahier de gravures sur bois, VI Planches et II Vignettes.* **—Paris, *l'Imagier*, 1895. Huit pièces gravées en bois, y compris les deux vignettes de la couverture.**

L'un des dix exemplaires sur *Japon impérial*.

227. **Combat entre deux Cavaliers. —L'homme ligotté. — Profil, etc. Sept pièces lithographiées ou gravées en bois.**

Très belles épreuves.

DETAILLE (EDOUARD).

228. En Égypte, 1892, *remarque* gravée sur une planche d'Émile
Boilvin. — Un Cuirassier, 1875. Deux eaux-fortes.

 Très belles épreuves d'artiste, la première tirée sur papier du Japon.

229. Tambour-major de turcos, croquis divers, silhouette de Bonaparte, 1886. Lithographie in-fol.

 Très belle épreuve. Fort rare.

DETOUCHE (HENRY).

230. A la Gloire du Chat. — Impudeur. — Étude de Femme. Trois
pièces.

 Belles épreuves *signées*, la première imprimée en couleurs.

DEZAUNAY (ÉMILE).

231. Bretonnes en prière. Planche in-fol.

 Superbe épreuve imprimée en couleurs, *signée* et numérotée n° 4.

232. Petite mendiante de Pleybon. — Jeune Fille et Enfant de
Rosporderc. Deux pièces in-fol.

 Superbe épreuves imprimées en couleurs, *signées*, la première
numérotée (n° 17.

DILLON (H. PATRICE).

233. Sujets de genre et croquis divers. Vingt-six lithographies.

 Belles épreuves, la plupart en épreuves d'artiste, avec *remarques*.

DINET (ÉTIENNE).

234. La Baigneuse. — Tête de Femme, deux épreuves. Trois lithographies.

 Très belles épreuves sur Chine.

DIVERS.

235. Sujets divers et Paysages. Vingt-deux pièces par Berthon,
A. Beltrand, P. Vidal, Jousset et autres, plusieurs tirées en
couleurs.

 Belles épreuves, la plupart signées.

DUEZ (ERNEST).

236. Jeune Femme assise, tournée de profil à droite. — Études de
      Femme nue se coiffant. — La Femme au bouquet. — Deux
      pointes sèches et une lithographie. Trois pièces.

      Très belles épreuves, deux sont signées.

DULAC (CHARLES).

237. Portrait de Sœur. Lithographie in-fol.

      Superbe épreuve imprimée sur teinte, *signée* et numérotée n° 15.
      Cette pièce n'a été tirée qu'à 25 exemplaires.

238. Portraits de Femmes. — La Communion. — Paysages. Sept
      lithographies.

      Belles épreuves.

239. Paysages. Cinq lithographies in-fol.

      Très belles épreuves imprimées sur teinte.

DUMONT (MAURICE).

240. Autour de la Ville, série de sept planches. — La Suite des
      Polichinelles. — La Dame inexorable, série de sept planches.
      — Scènes mystiques. — Compositions diverses. Soixante-
      cinq pièces, la plupart en épreuves d'essai.

      Belles épreuves, *signées*, plusieurs avec dédicace.

EAUX-FORTES.

241. Sujets divers. — Paysages. — Études. Douze pièces par Cail-
      lebotte, G. La Touche, Rixens, Billotte, P. Renouard, etc.

      Belles épreuves.

242. Sujets divers et Paysages. Trente-deux pièces par O. de Ro-
      chebrune, Hédouin, Godin, Betout et autres.

      Belles épreuves.

243. Sujets divers. — Portraits. — Paysages. Trente-huit pièces
      par A. Besnard, Béjot, Boutet, Lessore, Davids, etc.

      Belles épreuves.

244. Sujets divers. — Paysages. Quarante pièces par Pierre Morel,
      X. Le Sueur, Noel Masson et autres.

      Belles épreuves, un certain nombre avant la lettre.

245. Sujets divers et Paysages. Cinquante pièces par Chifflart, J.-P. Laurens, Piguet, G. Niel, etc., plusieurs avant la lettre.

Belles épreuves.

ÉLIOT (MAURICE).

246. La Chanson du Printemps. Lithographie in-fol.

Deux très belles épreuves imprimées en couleurs, une *signée*.

247. Beauté. — Jeunesse. — Dans le Verger. Cinq lithographies in-fol. (y compris deux doubles).

Très belles épreuves, trois imprimées en couleurs.

ENSOR (JAMES).

248. La Cathédrale. — Grande vue de Mariakerke. — Hop-Frog, conte d'Edgar Poe. — Le Bassin à Ostende. — *Mon portrait squelettisé.* — Menus. Huit eaux-fortes.

Belles épreuves sur papier du Japon, *signées*.

ESSOR (L').

249. Album de L'Essor (1re année). — Bruxelles, 1891. Suite complète de neuf lithographies par P. Braecke, O. Coppens, Dillens, E. Duyck, etc.

Belles épreuves dans la couverture de publication.

ESTAMPE MODERNE (L').

250. **L'Estampe moderne,** *Moniteur mensuel des amateurs et des artistes*, fondé par Loys Delteil.

Fascicules 1 à 5 (seuls parus), contenant trente estampes par Fantin-Latour, Em. Boilvin, Léandre, Steinlen, Lunois, etc.

Un des dix exemplaires tirés sur papier du Japon.

251. **L'Estampe moderne,** édition H. Piazza et Ch. Masson. Exemplaire de luxe, incomplet, contenant deux cent vingt planches y compris de nombreux doubles en tirages différents.

Très belles épreuves.

ESTAMPE ORIGINALE (L').

252. Albums de la Société, l'**Estampe originale**, 1er et 2e albums,
1888-1889. Deux albums contenant vingt planches gravées
ou lithographiées par Bracquemond, Lepère, Florian, Vierge,
Dillon, Boutet, etc.

    Très belles épreuves dans leurs cartonnages de publication.

253. **L'Estampe originale**, publiée par André Marty, janvier 1893
à mars 1895.

    Collection complète de cette importante publication,
renfermant quatre-vingt-treize estampes originales de Puvis
de Chavannes, A. Besnard, Eug. Carrière, Bracquemond,
Willette, Rops, Fantin-Latour, Renoir, Whistler, etc.

    Très bel exemplaire numéroté n° 17, et auquel a été joint seize
épreuves d'essai. En tout, cent neuf pièces.

EVENEPOEL (Henri).

254. Le Gueux. — Au Théâtre. — Le Cuirassier et la Blanchisseuse.
— Au Café. — La Mort. — L'Enfant à la Poupée. Sept eaux-
fortes et lithographies.

    Très belles épreuves, signées et numérotées, quatre imprimées en
couleurs.

255. Portrait d'Enfant. — Sur les Fortifications. — Au Théâtre. —
Au Café. — Modiste. Sept eaux-fortes et lithographies, y
compris un double.

    Belles épreuves, cinq sont signées et quatre imprimées en couleurs.

EY'CHENNE (Gaston).

256. Marchandes de Pommes au Soleil (Audierne). Pièce in-fol.

    Superbe épreuve imprimée en couleurs, *signée* et numérotée (n° 5).

FALGUIÈRE (Alexandre).

257. Caïn et Abel. — Deux Mendiants idiots à Grenade. Deux eaux-
fortes.

    Très belles épreuves d'artiste, la seconde sur parchemin.

FANTIN-LATOUR (Henri).

258. A la mémoire de Robert Schumann, 1873 (G. Hédiard, 5).
Belle épreuve du 2e état, sur Chine avec *dédicace*.

259. Tannhauser, Venusberg, 2e planche (G. H. 9). Grand in-fol.
Belle épreuve du 2e état, avec *dédicace* (marges fatiguées.)

260. Le Musicien, 1877 (G. H. 13).
Très belle épreuve sur Chine, avec *dédicace*. Rare.

261. Finale du Rheingold (G. H. 18). Grand in-fol.
Belle épreuve du 3e état, sur papier de Chine, avec *dédicace*.

262. Rinaldo, 2e planche (G. H. 19). In-fol.
Belle épreuve du 2e état, sur papier de Chine, avec *dédicace*.

263. Duo de Troyens, 2e planche (G. H. 22.)
Très belle épreuve du 2e état, sur Chine, avec *dédicace*. Rare.

264. L'Enfance du Christ (G. H. 36, 2e état). — Baigneuses, moyenne
planches (125). — Etude, frontispice du catalogue de l'Exposition du Luxembourg. Trois pièces.
Belles épreuves.

265 Compositions pour *Richard Wagner, sa vie et ses œuvres*, par
Ad. Jullien : La Muse (G. H. 62). — Rienzi (63). — Lohengrin (66). — La Valkyrie (70). — Le Crépuscule des Dieux
(72). — Parsifal (73). Sept pièces, dont six avant la lettre.
Très belles épreuves trois tirées sur *Japon pelure*.

266. Apothéose (G. H. 89). — A Berlioz (120, 2e état, tiré à 7
épreuves). — Vision (122, 3e état). Trois pièces, in-4.
Très belles épreuves sur Chine.

267. Chasseresse, 1892 (G. H. 103).
Très belle épreuve sur Chine fixé.

268. La même estampe.
Très belle épreuve sur Chine volant.

269. Fantin-Latour, par lui-même, à l'âge de 17 ans (G. H. 104). —
Vision (122). — L'Immortalité, fac-similé (L'Estampe mo-
derne). Quatre pièces.
Très belle épreuve d'artiste.

270. Ballet des Troyens (H. B. 114).
Belle épreuve sans marge.

271. **Duo des Troyens, 6ᵉ planche (G. H. 117).**
Superbe épreuve du 3ᵉ état, sur Chine. Très rare.

272. **Sémiramide (G. H. 118). In-fol.**
Belle épreuve du 2ᵉ état, sur papier de Chine (déchirure dans la marge de droite).

273. **Dernier thème de R. Schumann (G. H. 119).**
Très belle épreuve du 2ᵉ état, sur Chine. Rare.

274. **Les Brodeuses, 1895, 2ᵉ planche (G. H. 123). — Le même sujet, 3ᵉ planche (143). Deux lithographies, in-4.**
Très belles épreuves sur Chine.

275. **Vénus et l'Amour, 2ᵉ planche (G. H. 124). — Etude pour l'Eve (147, 2ᵉ état). Deux lithographies.**
Belles épreuves sur Chine volant.

276. **Eve, 1896 (G. H. 126).**
Belle épreuve du 2ᵉ état, sur Chine, *signée*.

377. **Pastorale, 1896 (G. H. 127). Lithographie in-fol.**
Très belle épreuve du 2ᵉ état, sur papier de Chine volant. Rare.

278. **Baigneuses, 3ᵉ grande planche (G. H. 128). Lithographie in-fol.**
Très belle épreuve du 2ᵉ état, sur papier de Chine volant. Rare.

279. **Baigneuses, 1898, 4ᵉ grande planche (G. H. 138.) Lithographie in-fol.**
Très belle épreuve du 2ᵉ état, sur papier de Chine.

280. **La Source dans les bois (G. H. 139). Lithographie in-fol.**
Très belle épreuve du 3ᵉ état, sur Chine.

281. **Danses, 1898 (G. H. 140). Lithographie in-fol.**
Très belle épreuve du 3ᵉ état, sur papier de Chine.

282. **Siegfried et les Filles du Rhin, 4ᵉ planche (G. H. 141). Lithographie in-fol.**
Très belle épreuve du 2ᵉ état, sur papier de Chine.

283. **Évocation de Kundry, 4ᵉ planche (G. H. 142). Lithographie in-fol.**
Très belle épreuve du 2ᵉ état, sur papier de Chine.

284. **Vénus Anadyomène (G. H. 144).**
Superbe et très rare épreuve du 3ᵉ état, avec le *croquis* dans la marge, *signée* N. B. Cet état n'a été tiré qu'à douze épreuves.

285. Prélude de Lohengrin, 2e planche (G. H. 146). Lithographie in-fol.

> Très belle épreuve sur papier de Chine.

FAUCHÉ (LÉON).

286. Scènes de la Rue. — Fleurs et Fruits. Six pièces in-4 et in-fol.

> Très belles épreuves imprimées en couleurs, *signées*.

FLANDIN (JULES).

287. La Brodeuse, 1897. Lithographie in-fol.

> Très belle épreuve sur papier du Japon, *signée*.

FLORIAN (FRÉDÉRIC).

288. Sujets divers, d'après A. Besnard, Forain, Doucet, Jeanniot. Onze pièces gravées en bois.

> Belles épreuves d'essai, tirées sur papier du Japon, la plupart *signées*.

FORAIN (J. L.).

289. Scènes de Mœurs. Deux lithographies, une tirée à 10 exemplaires seulement.

> Belles épreuves, rares.

290. Croquis Parisiens, par J. K. Huysmans, titre et huit eaux-fortes (deux par Raffaelli). — Deux Gommeux. Douze eaux-fortes.

> Belles épreuves, neuf sur *papier du Japon*.

291. L'Actrice dans sa loge. — Dans la coulisse. — Deux Gommeux. — Au Café, etc. Douze petites eaux-fortes.

> Belles épreuves.

292. Le Manchon de Francine, affiche. Lithographie grand in-fol.

> Belle épreuve d'artiste tirée en ton brun.

293. Rires et Grimaces. Vingt dessins de J. L. Forain, gravés sur bois, par Florian. — Paris, Baschet, s. d.

> Album in-4, dem.-rel. coins. Exemplaire sur papier du Japon; les épreuves sont avant la lettre.

294. **Le même album.**
>Exemplaire sur papier de Chine (n° 30), cart. Bradel.

295. **Nous, Vous, Eux !**
>Album publié par la *Vie parisienne*, s. d. Exemplaire sur *papier de Chine* (n° 31).

296. **LA VIE.** Album contenant deux titres et vingt-sept planches en couleurs.
>Bel exemplaire sur papier du Japon, numéroté. On y a joint un exemplaire sur papier ordinaire, soit deux albums.

297. **Le même album.**
>el exemplaire sur papier de Chine, numéroté.

298. **Les Temps difficiles (Panama). Album.**
>Bel exemplaire sur papier de Chine, numéroté. On y a joint un exemplaire sur papier ordinaire, soit deux albums.

299. **Fumés des planches parues dans le *Courrier Français*.**
>Cent-quarante pièces sur *papier de Chine volant*.

300. **Fumés des planches parues dans l'*Echo de Paris*.**
>Trente-sept pièces.

301. **Fumés des planches parues dans le *Fifre*.**
>Trente pièces.

302. **Fumés des planches parues dans le *Figaro*.**
>Vingt-neuf pièces.

303. **Fumés des planches parues dans le *Journal*.**
>Trente-six pièces.

304. **Fumés des planches parues dans le *Journal Amusant*.**
>Quatre-vingt pièces, un certain nombre sur *papier de Chine volant*.

FORTUNÉ.

305. *Tiens! que faites-vous là Mame Michu...* Lithographie in-fol.
>Très belle épreuve imprimée en couleurs, sur papier du Japon.

FUCHS (J.).

306. **L'Invasion ou le Fou Yegof, neuf compositions pour illustrer le roman d'Erckmann-Chatrian. Neuf vignettes gravées par le procédé Amand-Durand.**
>Très belles épreuves sur Chine en un alb., cart.

GAILLARD (CLAUDE-FERDINAND).

307. L'Homme à l'OEillet (H. B. 25).

> Belle épreuve sur papier de Chine, extraite de la *Gazette des Beaux-Arts*.

308. Léon XIII (H. B. 39). — Les Pèlerins d'Emmaüs, fragment (43). Deux pièces.

> Belles épreuves sur papier de Chine.

309. Le Père Hubin (H. B. 42).

> Très belle épreuve *avant la lettre* sur papier de Chine.

310. Mᵍʳ Billard, évêque de Carcassonne, 1886 (H. B. 47).

> Superbe épreuve *avant la lettre*, sur papier de Chine fixé.

311. La Sœur Rosalie (H. B. 48).

> Très belle épreuve sur papier de Chine.

GAUGAIN (PAUL).

312. *Manao Tupapou.* — Joies de Bretagne. — Les drames de la Mer, deux compositions. — Scènes de Bretagne. — Soyez symboliste. Huit lithographies.

> Belles épreuves, deux sont coloriées et cinq imprimées sur papier jaune vif.

313. Manao Tupapou. — Maruru. — L'Univers est créé, etc. Onze pièces.

> Belles épreuves.

GERBAULT (H.).

314. Parisiennettes. — Paris, *La Vie Parisienne, s. d.* (1894). Album in-4.

> Deux exemplaires, dont un sur papier de Chine, numéroté (nᵒ 26).

GÉROME (JEAN-LOUIS).

315. Le Fumeur égyptien (H. B. 1). — Tête de négresse du Hedjaz (2). — César mort (3, 1ᵉʳ état). — Tête de dromadaire, gravée par le procédé Vial. Quatre pièces.

> Belles épreuves de la coll. Mène, l'une d'elles accompagnée d'une lettre autographe. On y a joint deux pièces d'après Gérôme : les portraits d'Henry Monnier et de P. Baudry.

GILL (ANDRÉ).

316. *Montmartre, 18 Mars. — Montmartre, 19 Mars.* Deux lithographies relatives à la Commune, fort rares.
> Très belles épreuves sur Chine.

317. *18 Mars, Butte Montmartre — Montmartre, 19 Mars.* Deux lithographies relatives à la Commune, fort rares.
> Très belles épreuves sur Chine.

318. Bergeret, général de la Commune. — Castioni à l'Hôtel de ville. — Bastion 88 (Porte d'Italie). Trois lithographies relatives à la *Commune*, fort rares.
> Très belles épreuves sur Chine.

319. *Vingt Portraits contemporains par André Gill, notice par Jean Richepin.* — Paris, M. Magnier 1886.
> Très belles épreuves dans le cartonnage de publication.

GOENEUTTE (NORBERT).

320. Sur la jetée du Havre (H. B. 24). — Réflexion (25). — Femme sur le Pont de l'Europe (37). — Étude (81). — Portrait de Femme. — Femme assise sur un canapé, 2 états. Neuf pièces.
> Très belles épreuves, la plupart signées ou timbrées.

321. Scènes de genre. — Études. — Portraits. Quatorze eaux-fortes, pointes sèches ou lithographies.
> Belles épreuves en divers états, plusieurs signées.

GONCOURT (JULES DE).

322. Étude de jeune Femme assise (Ph. Burty 72). — Ex-libris de Goncourt (61). — Étude de frontispice pour *La Lorette* (63), 1er état. — La Lecture (74). Cinq eaux-fortes.
> Belles épreuves.

GOTTLOB (FERNAND).

323. Marchands de Fleurs, 1900. Lithographie in-fol.
> Belle épreuve sur Chine volant.

324. Un Marché en Bretagne. — Les Filles, scène des Boulevards extérieurs. Deux lithographies in-fol.
> Très belles épreuves sur Chine volant.

325. L'Homme allumant sa pipe. — Promenade sentimentale. — Boulevards extérieurs, le soir. — Noël. — Type de vieux. Six lithographies in-fol.

> Très belles épreuves sur papier de Chine volant, une tirée en couleurs.

326. Noël. — Au Bord du lac. — Scènes des Boulevards extérieurs. Six lithographies in-fol.

> Très belles épreuves, trois imprimées en couleurs et *signées*.

GRASSET (EUGÈNE).

327. Napoléon Ier à cheval, affiche pour *A New life of Napoléon* publiée par le *Century Magazine*.

> Très belle et très rare épreuve d'essai, imprimée en couleurs.

328. La même affiche.

> Deux belles épreuves imprimées en couleurs, une est *avant la lettre*.

329. Affiches : Bonaparte aux Pyramides. — Harpers Magazine, deux compositions. — Harper's Bazar. — Noël, 1893. — Quatrième centenaire de la découverte de l'Amérique, etc. — Seize pièces, trois en couleurs.

> Belles épreuves.

330. Affiches : Le Plus ultra, revue. — Le Mage. — Cléopâtre. — Enchantement. — Histoire des Quatre Fils Aymon. — Belle Jardinière, 1889. — Almanach Lorilleux, etc. Dix-huit pièces.

> Belles épreuves, la plupart en épreuves d'essai, imprimées en couleurs, une *signée*.

GRASSET (D'après EUGÈNE).

331. Les Mois, douze compositions gravées sur bois et imprimées en chromotypographie. Deux suites complètes, l'une du tirage en noir sur papier du Japon, l'autre du tirage en chromotypographie, avant la lettre, sur Chine volant. Vingt-quatre pièces.

> Très belles épreuves.

GROUX (CHARLES DE).

332. Une Vocation d'agent de change. Lithographie.

> Très belle épreuve sur papier de Chine fixé.

GROUX (HENRY de).

333. Charles Baudelaire, deux portraits différents (Paul Ferniot 4-5).

> Très belles épreuves, la seconde *signée*.

334. La Guerre, eau-forte, 1888. — Portrait de Ch. de Groux? (7).
— Le Coltineur (11). — Le Soir (38). — Morituri (39). —
Pégase chez l'équarisseur (46). — Quand les Bourgeois...
(50). — Le Vent du Carnage (62). — Wagner (65). — Émile
Zola (69). Douze pièces.

> Belles épreuves, la plupart sont signées.

335. Le Chambardement, 1re planche.

> Très belle et très rare épreuve du 1er état, sur papier du Japon
> *signée*.

336. Le Chambardement, 2e planche (P. F. 8).

> Très belle épreuve sur papier du Japon, signée, et portant en
> marges une *note satyrique* de Léon Bloy.

337. Le Christ aux outrages (P. F. 9). Lithographie grand in-fol.

> Superbe épreuve, *signée*, un des six exemplaires imprimés sur
> papier de Chine.

338. Le Cortège de la Fiancée (P. F. 13), épreuve d'essai. — L'Exode
(23). — Le Fantôme (25). — Le Fossoyeur des Vivants (28).
— Grand-Duc (29). Cinq pièces.

> Très belles épreuves *signées*.

339. Hercule terrassant l'hydre de Lerne (P. F. 30). — Saint-
Jérôme (31). — La Lisière de bois (34). — Minerve (37).
Cinq pièces.

> Très belles épreuves, *signées*.

340. Mort de Siegfried (P. F. 40), 3 épreuves. — Nocturne ou
l'Heure des Chats-huants (43). — Oiseaux de Proie (44).
Cinq pièces.

> Très belles épreuves, *signées*.

341. Portrait de Félicien Rops (52).

> Superbe épreuve sur Chine volant, *signée*.

342. Retraite de Russie (P. F. 51), 1er état tiré à 6 épreuves. —
Rubens, d'après lui-même (53). — Le Vaincu (58). — La
Veillée de Waterloo (59). — La Vigne abandonnée (62),
2 épreuves du 1er état. Six pièces.

> Très belles épreuve sur Chine ou sur Japon, *signées*.

343. Étude pour un portrait de Napoléon Ier. Lithographie grand
in-fol.

> Très belle épreuve du 1er état, sur papier de Chine, signée.

GUÉRARD (Henry).

344. Portrait d'Henry Guérard, par lui-même.
Superbe épreuve d'artiste.

345. Les Corbeaux. — Les Cygnes. — Tête de Négresse.—Ex-libris
P. Arnaudet. — Sujets divers. — Paysages et Marines, etc.
Trente et une pièces.
Très belles épreuves, plusieurs en divers états.

346. Sujets divers. — Paysages. — Maximes. — Almanachs. Quarante-sept pièces.
Belles épreuves, la plupart en plusieurs états, quelques-unes imprimées en couleurs.

GUÉRARD, LEPIC, MARTIAL-POTÉMONT

347. *Six Marines, par H. Guérard*, 2 exempl. dans la couverture de
publication. — *Croquis Hollandais et autres*, par Lepic. 1870.
— La Question du Nouvel an, par Martial-Potémont. En
tout trente-deux eaux-fortes.
Belles épreuves.

GUÉRIN (Charles).

348. Bethsabée. — Sapho. — Moïse. — Narcisse. — La Sirène. —
La Femme au Sablier. Huit lithographies.
Très belles épreuves sur papier de Chine ou du Japon, signées.

349. Cléopâtre. — La Pensive. — Bustes de Fillettes. Neuf lithographies.
Belles épreuves.

GUILLAUME (Albert).

350. Des Bonshommes, 1re et 2e série. — Étoiles de Mer. — Faut
voir. — Madame est servie. — Mes Campagnes. — P'tites
Femmes. — Y a des Dames.
Huit albums.

GUILLAUMIN.

351. Le Bébé couché. Lithographie in-fol.
Superbe épreuve imprimée en couleurs, signée et numérotée (n° 10).

GUILLAUMIN.

352. L'Enfant mangeant sa soupe.

> Lithographie in-fol., imprimée en couleurs, signée et numérotée (n° 6).

HANNOTIAU (ALEXANDRE).

353. Villes Mortes, Bruges, 1894. Onze lithographies in-fol., précédées d'une notice par Émile Verhaeren.

> Très belles épreuves sur Chine, dans le cartonnage de publication.

HÉDOUIN (EDMOND).

354. Portrait de Femme tenant une guirlande de roses. Eau-forte in-4.

> Deux très belles épreuves, une *à l'eau-forte pure*, la seconde, terminée, mais avant la lettre, sur papier du Japon.

355. Illustrations pour le Théâtre de Molière. — Paris, Morgand, 1888. Suite complète de 1 titre, frontispice et trente-quatre vignettes.

> Superbes épreuves avant l'encadrement et avant la lettre, *signées*.

HEIDBRINCK (OSWALD).

356. *Ohé père Lavertu, venez donc voir mes petites eaux-fortes,* titre et 6 pl. in-8. — Titres de musique : Shocking. — Le petit Gas! — Mon verre est vidé, etc. — Sujets divers. Vingt eaux-fortes et lithographies.

> Belles épreuves.

HEINS (A.).

357. Fuite de Faunesses. — A. Middelbourg. — Cour de Ferme à Lemberg. — Vue à Assendelft. Quatre eaux-fortes et lithographies.

> Très belles épreuves, *signées*.

HELLEU (PAUL).

358. La Femme au Corsage écossais. In-fol.

> Très belle épreuve, *signée*.

359. **La jeune Femme au manteau de fourrure. In-fol.**

> Très belle épreuve imprimée en trois tons, *signée* et numérotée.

360. **Méditation. In-fol.**

> Superbe épreuve imprimée en sanguine, *signée*.

361. **Jeune Femme accoudée contre une cheminée. In-fol.**

> Très belle épreuve, *signée*.

362. **Deux Femmes sur une terrasse contemplent la mer. Pointe sèche, in-fol.**

> Très belle épreuve.

363. **Repos. Pointe sèche, in-4.**

> Belle épreuve, *signée*.

364. **Portrait de la Fille de l'Artiste. — La jeune Mère allaitant son enfant. Têtes de Femmes. Quatorze lithographies y compris plusieurs doubles en tirage différent.**

> Belles épreuves sur Chine volant, quelques-unes imprimées en sanguine.

365. **Amants, affiche. Lithographie, in-fol.**

> Deux belles épreuves imprimées en deux tons, une est sur Chine volant.

366. **Pointes sèches d'Helleu. — Paris. Lemercier, s. d. Frontispice et 59 reproductions héliographiques de pointes sèches de l'artiste.**

HÉRAN (Henry).

367. **Beethoven. — La Nostalgie. — La Pieuvre. — La Danse. — Au bord de l'eau, etc. Onze lithographies ou eaux-fortes.**

> Très belles épreuves *signées*, quatre sont imprimées en couleurs.

HERMANN-PAUL.

368. *Les grands Spectacles de la Nature : La Vie de Monsieur Quelconque.* **Suite des dix lithographies.**

> Exemplaire n° 2 contenant une double suite sur papier du Japon et sur papier de Chine, soit vingt pièces dans la couverture de publication.

369. **La même suite.**

> Exemplaire n° 33, sur papier de Chine. Dix pièces dans la couverture de publication.

370. **Les Grands Spectacles de la Nature : La Vie de Madame Quelconque. Suite des dix lithographies.**

> Bel exemplaire, numéroté (n° 2) contenant double épreuve de cha-
que planche (papier de Chine et du Japon), soit ensemble vingt pièces
dans la couverture de publication.

371. **La même série.**

> Bel exemplaire sur papier de Chine volant, numéroté (n° 7).

372. **Images pour les Demoiselles. Suite de dix lithographies.**

> Bel exemplaire numéroté (n° 4), avec double épreuve de chaque
planche (Chine et Japon), soit vingt pièces dans la couverture de
publication.

373. **La même suite.**

> Bel exemplaire sur papier de Chine volant, numéroté (n° 24).

374. **Alphabet pour les grands enfants, avec préface de Henry
Bauër. Album in-4.**

375. **L'Ane portant des reliques. — Le Loup et le Chien. — Le Corbeau et le Renard. — La Cigale et la Fourmi. — Les Tziga-
nes. — Orateur. — Mon Commerce. — Commis de Nou-
veauté. — L'Essai du corset. — Promenade des enfants. —
En Voiture. — Sisters Barrisson. Douze Lithographies.**

> Très belles épreuves, la plupart *signées*.

376. **Les Enfants. — Les Curés. — La Copiste au Louvre. — L'Exécution. — A l'hôpital. — C'est défendu de marcher dans
l'herbe. — Parodie des dernières cartouches, de Neuville,
(Affaire Dreyfus). — Sujets divers. Trente-six lithographies.**

> Très belles épreuves, plusieurs imprimées en couleurs, la plupart
signées.

HOUDARD (CHARLES).

377. **Coucher de Soleil.**

> Superbe épreuve imprimée en couleurs, *signée*.

IBELS (H.-G.)

378. **Les Saltimbanques, affiche pour Pierrefort.**

> Deux très belles épreuves tirées en couleurs, une *avant la lettre*.
signée.

379. **Forains. — La Vérité. — Au Café-concert, éventail. — Titres
de Romances. — Scènes de Mœurs. — Programmes du
Théâtre-Libre, etc.**

> Cent soixante-neuf lithographies et eaux-fortes, la plupart en épreu-
ves d'état, sur Chine ou Japon, *signées*.

JACQUE (Frédéric).

380. La Rentrée du troupeau, d'après Ch. Jacque, 1889. Eau-forte, in-fol.

> Superbe épreuve *avant la lettre*, sur parchemin, signée du peintre et du graveur.

JAPON

381. Albums japonais et livres modernes relatifs au Japon. Ensemble dix-sept brochures.

JEANNIOT (Georges).

382. Le Conseil de Revision. Lithographie in-fol.

> Superbe épreuve imprimée en couleurs, avec *remarque*, numérotée (n° 1).

383. Les Pays. Lithographie, in-fol.

> Superbe épreuve imprimée en couleurs, avec *remarque*, numérotée n° 3.

384. Sur la Plage. In-fol.

> Superbe épreuve imprimée en couleurs, signée et numérotée (n° 7. N.-B. Il n'a été tiré que 25 épreuves de cette planche.

385. Le Soldat blessé. — Jeune Femme nue, assise. Deux lithographies en couleurs.

> Très belles épreuves, avec *remarque*, numérotées.

386. Le Régiment en marche. — L'Etreinte. — Deux cavaliers. — Étude de Femmes. Quatre eaux-fortes et lithographies.

> Belles épreuves, trois sont signées.

JOSSOT.

387. Le Harpiste. Lithographie in-fol.

> Très belle épreuve imprimée sur teintes, *signée* et numérotée n° 1.

388. Mince de Trognes!!! avec préface de H. Bauër. — Paris, G. Hazard, *s. d.* (1896). Album.

> Bel exemplaire.

JOURDAIN (Francis).

389. Naguère. — Femme de jadis. — Paysage. — Marine. Quatre eaux-fortes.

> Très belles épreuves imprimées en couleurs, signées et numérotées.

JUILLERAT (E.).

390. **Femme nue couchée. — Tigresse au repos. Deux lithographies.**
Très belles épreuves sur papier du Japon, signées et numérotées.

KLENE (BERNARD).

391. **Portrait de Balzac. Eau-forte in-fol.**
Superbe épreuve, signée et numérotée (n° 9).

392. **Le Soir à Rotterdam. In-fol.**
Très belle épreuve imprimée en couleurs, signée et numérotée.

393. **Le Christ (tiré à 10 exempl. seulement, n° 1). — Brouillard sur la Tamise. — Les Pêches. Trois pièces in-fol.**
Superbes épreuves signées et numérotées, la dernière imprimée en couleurs.

KLEINMANN (ADÈLE).

394. **Etudes d'Enfants. — Vieille assise. — Sur la plage. Huit eaux-fortes.**
Très belles épreuves, signées, et imprimées en couleurs.

KRATKÉ (LOUIS).

395. **Polichinelle à la rose, d'après Ern. Meissonier. Eau-forte in-fol.**
Très belle et unique épreuve imprimée sur satin, sans marge.

LABOUREUR (ERNEST).

396. **Les Courses. — Premières communiantes. — Aux Tuileries. Quatre pièces gravées en bois.**
Très belles épreuves, *signées* et numérotées.

397. **Aux Tuileries. — Étude d'Enfant. Trois pièces gravées en bois.**
Belles épreuves, *signées*.

LACAULT (L.).

398. **Pêcheur anglais. Pointe sèche in-fol.**
Superbe épreuve imprimée en bistre, *signée* et numérotée (n° 2). Cette pièce n'a été tirée qu'à 12 exemplaires.

LAFITTE (A.).

399. Portrait de Femme âgée. — Barques au bord de la Mer. — Dans les Champs. Trois pièces in-4 et in-fol.

Très belles épreuves, *signées*, deux imprimées en couleurs.

LA GANDARA.

400. Portraits de Femmes. Cinq lithographies in-fol., y compris un double.

Belles épreuves.

LALAUZE (Adolphe).

401. Les Enfants de Charles Ier, d'après Ant. van Dyck. — Le Cadeau de Noce, d'après Gonzalès. — Sujets divers. — Vignettes. Douze pièces.

Très belles épreuves *avant la lettre*, plusieurs non terminées.

LALAUZE, VOGEL et SCOTT.

402. Eaux-fortes et bois pour illustrer le Faust de Gœthe. — Paris, L. Conquet, 1880. Ensemble soixante et onze pièces, en épreuves avant toute lettre, tirées sur papier du Japon et renfermées sous deux cartonnages numérotés (n° 21 et 10.

LATOUCHE (Gaston).

403. Compositions pour l'*Assommoir*, d'Émile Zola, 1879. Suite complète de quinze eaux-fortes, in-4.

Très belles épreuves d'artiste.

404. La même suite.

Belles épreuves dans la couverture de publication.
Exemplaire n° 25 la couverture défraîchie).

LAUTREC (Henri de Toulouse).

405. Auguez et Lender. Lithographie.

Très belle épreuve, timbrée et numérotée (n° 1).

406. Sarah Bernhart dans *Phèdre*. Lithographie.

Très belle épreuve sur papier du Japon, *signée* et timbrée.

407. **Brandès. Lithographie in-fol.**

> Très belles épreuves, numérotée (n° 1).

408. **Brandès et Le Bargy. — Leloir et Brandès, dans les *Cabotins*. Deux lithographies in-fol.**

> Très belles épreuves sur papier du Japon, timbrées.

409. **Rose Caron. Lithographie.**

> Très belle épreuve sur papier du Japon, tirée en ton verdâtre.

410. **Émilienne d'Alençon dans une répétition aux Folies-Bergère. — Loïe Fuller. Deux pièces.**

> Très belles épreuves, la seconde imprimée en couleurs, avec rehauts d'or et *signée*.

411. **Jeanne Granier. Trois lithographies différentes tirées à quelques épreuves seulement.**

> Très belles épreuves, avec *dédicace*, une tirée sur papier du Japon.

412. **Yvette Guilbert. Lithographie.**

> Deux très belles épreuves, une tirée sur papier du Japon.

413. **Yvette Guilbert assise. Lithographie *non publiée*, tirée à quelques épreuves seulement.**

> Très belle épreuve avec *dédicace*.

414. **Yvette Guilbert. Seize compositions lithographiées, pour la plaquette de Gustave Geffroy.**

> Très belles épreuves tirées en ton verdâtre, sans le texte.

415. **Jane Hading. Deux lithographies différentes, tirées à quelques épreuves seulement.**

> Très belles épreuves avec *dédicace*.

416. **Anna Held. Lithographie.**

> Très belle épreuve, signée et numérotée.

417. **Judic ou l'Essai du Corset. Lithographie in-fol.**

> Très belle épreuve sur papier du Japon.

418. **La Goulue et sa Sœur. — L'Anglais au Moulin-Rouge. Deux lithographies in-fol.**

> Belles épreuves imprimées en couleurs, *signées* et numérotées (ont été pliées).

419. **Lavallière. Lithographie in-fol.**

> Très belle épreuve sur papier du Japon.

420. Lender debout. Lithographie in-fol.

> Deux très belles épreuves, timbrées et numérotées, une *imprimée en couleurs* et *signée*.

421. Lender de face. — Lender de dos. Deux lithographies.

> Très belles épreuves, timbrées et numérotées (n° 2).

422. Lender saluant. — Lender assise. Deux lithographies.

> Très belles épreuves timbrées et numérotées (n° 1).

423. Lender (Mme Satan). Lithographie.

> Deux très belles épreuves, une sur papier du Japon, la seconde timbrée et numérotée (n° 7).

424. Lender. Lithographie publiée par la revue *Pan*.

> Deux très belles épreuves, une imprimée en couleurs, timbrée et numérotée.

425. Lender et Brasseur. Lithographie.

> Très belle épreuve sur papier du Japon, tirée en sanguine et timbrée. Très rare.

426. Lender et Lavallière. Lithographie in-fol.

> Belle épreuve, timbrée et numérotée (n° 1). Rare.

427. Cecy Loftus. Lithographie exécutée à Londres.

> Très belle épreuve sur papier de Chine fixé, *signée* et numérotée (n° 3).

428. Meyer et Yahne. Lithographie in-fol.

> Très belle épreuve timbrée et numérotée (n° 2).

429. Miss Redferd. Lithographie grand in-fol.

> Très belle épreuve imprimée en deux tons, timbrée *signée* et numérotée (n° 3).

430. Miss Redferd, de face. Lithographie.

> Très belle épreuve d'essai.

431. Miss Redferd, de profil, se penchant en avant. Lithographie.

> Très belle épreuve sur papier du Japon, avec *dédicace*.

432. Miss Redferd, de profil, rejetée en arrière. Lithographie.

> Très belle épreuve d'état, numérotée et timbrée.

433. Miss Redferd, en toilette de ville. Lithographie.

> Deux très belles épreuves, dont une timbrée et numérotée (n° 1).

434. Miss Redferd sur la scène. Lithographie.

> Très belle épreuve, timbrée et numérotée (n° 2).

435. Yanhe. Lithographie.

Très belle épreuve, timbrée et numérotée (n° 2).

436. L'Actrice félicitée. Lithographie.

Très belle épreuve, timbrée et numérotée (n° 1).

437. L'Actrice aux castagnettes. Lithographie.

Très belle épreuve, timbrée et numérotée (n° 2).

438. Age difficile. Lithographie.

Très belle épreuve, numérotée n° 2.

439. A la Souris. Lithographie in-fol.

Très belle épreuve, *signée* et numérotée (n° 5).

440. L'Alliance Franco-Russe. — Allégorie inédite. Deux lithographies.

Très belles épreuves d'artiste, sur papier du Japon, la seconde avec *dédicace*. Très rare.

441. Amazone. Lithographie.

Belle épreuve, avec *dédicace*.

442. Antigone. Lithographie.

Deux très belles épreuves imprimées en deux tons et timbrées.

443. Au Théâtre. Lithographie tirée à douze exemplaires.

Très belle épreuve imprimée en couleurs, timbrée, *signée* et numérotée (n° 4).

444. Bar. Lithographie.

Deux très belles épreuves, une tirée sur papier du Japon.

445. Blanche et noire. Lithographie.

Très belle épreuve sur papier du Japon, *signée* et numérotée (n° 1). Rose.

446. La Blanchisseuse. Lithographie grand in-fol.

Très belle épreuve sur papier de Chine.

447. Carnaval. Lithographie.

Très belle épreuve, timbrée et numérotée (n° 7).

448. Chanteuse de Café-concert, pour l'*Estampe originale*.

Deux belles épreuves dont une *d'essai*. Rare.

449. Chanteuse légère. Lithographie in-fol.

Très belle épreuve, *signée*. Fort rare.

450. La Chanteuse de café-concert costumée en matelot. Lithographie en couleurs.

    Deux épreuves d'essai.

451. Chez la Gantière, 1898. Lithographie in-fol.

    Trois belles épreuves, deux *signées*.

452. Chilpéric. Lithographie.

    Très belle épreuve timbrée et numérotée.

453. Clownesse au Moulin-Rouge. Lithographie tirée à vingt exemplaires.

    Très belle épreuve imprimée en couleurs, *signée* et numérotée (n° 10).

454. Le Coucher. Lithographie.

    Très belle épreuve sur papier du Japon, tirée en sanguine.

455. La Course, 1899. Lithographie.

    Très belle épreuve imprimée en couleurs.

456. La Danse au Moulin-Rouge. Lithographie tirée à vingt exemplaires.

    Très belle épreuve imprimée en couleurs, *signée* et numérotée (n° 3).

457. Danseuse. Lithographie.

    Deux belles épreuves, une tirée sur papier du Japon, la seconde timbrée et numérotée (n° 4).

458. Débauche. Lithographie.

    Deux très belles épreuves imprimées en couleurs, une tirée sur soie et *signée*.

459. Déclaration d'amour. Deux lithographies, compositions différentes.

    Belles épreuves, avec *dédicace*.

460. *Los Desastres de la Guerra por Don Francisco Goya*, Madrid, 1883. Lithographie.

    Belle épreuve.

461. Affiche-couverture pour Elles.

    Quatre belles épreuves imprimées en couleurs, une est *avant la lettre*.

462. Elles, première série. Suite de dix lithographies avec couverture illustrée.

    Très belles épreuves imprimées en couleurs, timbrées ; on y a joint sept pièces doubles en divers états. En tout dix-sept pièces.

463. **En Mer. Lithographie.**

> Deux très belles épreuves, *signées* et numérotées, une tirée en couleurs.

464. **Entre Sportsman. Lithographie non publiée, tirée à quelques épreuves seulement.**

> Très belle épreuve sur papier de Chine volant, avec *dédicace*.

465. **Est-elle grasse ? — Oui.... Lithographie.**

> Très belle épreuve imprimée en ton verdâtre, *signée* et numérotée (n° 4).

466. **Femme à l'Eventail, tournée de profil à droite. Lithographie.**

> Très belle épreuve tirée en ton verdâtre, timbrée et numérotée (n° 1).

467. **Femme à l'Eventail, de face. Lithographie.**

> Très belle épreuve timbrée et numérotée (n° 1).

468. **Les Femmes savantes. Lithographie.**

> Deux très belles épreuves, timbrées.

469. **Idylle. Lithographie tirée à quinze exemplaires.**

> Très belle épreuve imprimée en couleurs. *signée* et numérotée (n° 8).

470. **Le Liseur, 1898. Lithographie.**

> Très belle épreuve avec *remarque* et avec *dédicace*.

471. **Madame Sans-Gêne. — L'Image. Deux lithographies.**

> Belles épreuves, timbrées et numérotées.

472. **La Marchande de Marrons ou l'Hiver. — L'Homme à la béquille, 1898. Deux lithographies.**

> Belles épreuves avec *dédicace*, la première sur papier de Chine volant.

473. **Moïse. Lithographie.**

> Très belle épreuve, imprimée en couleurs.

474. **Napoléon Ier, affiche. Lithographie.**

> Très belle épreuve imprimée en couleurs, *signée* et numérotée (n° 1).

475. **Patinage. Lithographie.**

> Très belle épreuve.

476. **Pois vert. Lithographie.**

> Très belle épreuve, timbrée et numérotée (n° 1).

477. **Le Procès Arton. Suite de quatre lithographies in-fol.**

> Très belles épreuves.

478. **Le Procès Lebaudy. Lithographie grand in-fol.**
  Très belle épreuve.

479. **Scène de Tragédie. Lithographie.**
  Très belle épreuve, timbrée et numérotée (n° 1).

480. **Le Sommeil. Lithographie tirée à douze exemplaires.**
  Très belle épreuve sur papier du Japon, imprimée en sanguine, signée et numérotée (n° 4).

481. **Souvenir de Londres, 1896. Lithographie.**
  Deux belles épreuves, une avec *dédicace*.

482. **Un Monsieur et une Dame. Lithographie.**
  Très belle épreuve imprimée en couleurs.

483. **Une Faillite. Lithographie.**
  Très belle épreuve, timbrée et numérotée (n° 4).

484. **Les Vieilles histoires, par Jean Goudezki, couverture. Lithographie.**
  Très belle épreuve d'artiste, imprimée en couleurs, timbrée.

485. **Viennoise. Lithographie tirée à dix-sept exemplaires.**
  Très belle épreuve imprimée en couleurs, *signée* et numérotée (n° 1.

486. **Au pied du Sinaï. — Au Bal des Étudiants. — Couvertures de livres pour Tristan et P. Leclercq. — Menu. — Footet et Chocolat, etc. Ensemble dix lithographies.**
  Belles épreuves, la plupart *signées*.

487. **Le Cheval et le Chien. Sept lithographies y compris deux doubles.**
  Belles épreuves.

488. **La Marchande de Poissons. — Don Quichotte et Sancho Pança. Deux sujets sur la même pierre.**
  Très belle épreuve imprimée sur teinte.

489. **Mamelucks. — Tillbury. — Le Tribu d'Isidore. — Compositions pour l'Escarmouche, etc. Onze lithographies.**
  Belles épreuves, plusieurs *signées*.

490. **Chez le Coiffeur. — Un Monsieur et une Dame. Deux lithographies, programmes du Théâtre-Libre.**
  Très belles épreuves d'artiste, sur papier du Japon, *signées* et numérotées.

491. Lugné Poe. — Fantaisie de Carnaval. — La Goulue et Valentin le désossé. Trois lithographies.

> Cinq très belles épreuves.

492. Compositions pour une Nouvelle de Tristan Bernard. — Au Théâtre. — Au Café concert, etc. Huit lithographies, plusieurs inédites.

> Belles épreuves, quatre *signées*.

493. Hommage à Molière. — L'Actrice en corset. Deux lithographies, la seconde *inédite*.

> Belles épreuves.

494. Titres de romances : Le Petit Trottin. — Carnot malade. — Pauvre pierreuse. — Sagesse. — Étude de Femme, etc.

> Trente et une lithographies, la plupart en épreuves d'artiste sur papier de Chine ou du Japon, *signées* et numérotées. *Ce numéro sera divisé.*

495. Titres de Romances : Colombine à Pierrot. — Les Vieux Messieurs, — Eros vanné. — Adolphe ou le jeune homme triste. — L'exemple de Ninon de Lenclos. — La Terreur de Grenelle. Dix lithographies y compris quatre épreuves d'artistes, *avant la lettre*.

> Très belles épreuves.

496. Titres de Romances : La Goulue. — Ultime Ballade. — Nuit Blanche. — Sagesse. — La Valse des Lapins. — Pour toi. — Ta Bouche. — Le petit Trottin. — Eros vanné. Treize lithographies y compris six épreuves d'artiste.

> Très belles épreuves, plusieurs sur papier du Japon.

497. Titres de Romances. Quatorze lithographies.

> Très belles épreuves avant la lettre, timbrées et numérotées (n° 10).

498. Menu Hébrard, 26 avril 1894. Lithographie.

> Très belle épreuve.

499. Programmes de Théâtre : Comédie Parisienne : La Lépreuse. — Le Chariot de Terre Cuite. — L'Œuvre : Raphaël. — L'Argent. Six lithographies.

> Belles épreuves, une *avant la lettre*.

500. La Modiste, menu. Lithographie.

> Quatre très belles épreuves de tirages différents, trois sont avant la lettre, une est numérotée et signée.

501. Invitations et Menus : Dîner des Tarnais. — La Bouillabaisse.
— Invitations de Nathanson, de Toulouse-Lautrec. — A Mery
christmas, etc. Dix-neuf lithographies.

Très belles épreuves, la plupart sur papier du Japon, quelques-unes
avec dédicace.
N. B. Ce numéro sera divisé.

502. Programmes. — Menus. — Croquis. — Scènes de Mœurs.

Vingt-cinq pièces, lithographies ou procédés, la plupart en épreuves
d'artiste. Ce numéro pourra être *divisé*.

LÉANDRE (CHARLES).

503. Le Banc d'œuvre, 1897. Lithographie in-fol.

Très belle épreuve sur papier verdâtre, *signée*.

504. La Nativité. Lithographie in-fol.

Très belle épreuve sur papier de Chine volant.

505. A Laurent Tailhade. — A Zo d'Axa. — La Mort de Pierrot. —
La Voix de l'Amour. — Au Coin du Feu. — Étude de
Femme. Six lithographies.

Belles épreuves.

506. La Mort de Pierrot, 1896. — Les Lutteurs. — L'Orgue. —
Noël. Sept lithographies y compris une épreuve biffée (Les
lutteurs).

Belles épreuves, la plupart sur Chine.

507. Sujets divers. — Allégories. Dix lithographies y compris trois
doubles.

Belles épreuves sur papier de Chine ou du Japon, deux *signées*.

508. Programmes illustrés : Fêtes des Collaborateurs de l'Exposition Universelle de 1900. — Ministère des Finances, soirée
du 16 juin 1900. — Représentation au bénéfice de Louise
France. — C. Léandre à ses amis du 8 février 1900. —
Alliance Française. — Réveillon, 1898. — Douze lithographies.

Très belles épreuves, la plupart avant la lettre, sur papier du
Japon.

509. Nocturnes, avec préface de Pierre Weber. - - Paris, H. Simo-
nis, *s. d.* Album.

Un des vingt exemplaires n° 2 tirés sur papier du Japon.

4

LEBÈGUE (LÉON).

510. Cinquante dessins pour les Cent Nouvelles Nouvelles, préface
de Jules de Marthold. Paris, C. Carrington, 1900.
> Un des 100 exemplaires sur papier de Rives, avec les planches
> coloriées.

LE COUTEUX (LIONEL).

511. Portrait de Van Bercysteyn, d'après F. Hals. Eau-forte in-fol.
> Très belle épreuve, avec *remarque*, sur papier du Japon, *signée*.

LEFORT DES YLOUSES (ARTHUR).

512. L'Enfance d'Achille. — La Sainte Face. — Stabat Mater. — La
Laitière flamande. — Combat de Tritons. — Huit pièces exé-
cutées à l'eau-forte avec essais de gauffrage.
> Très belles épreuves.

LEGROS (ALPHONSE).

513. Portrait de Champfleury, 1875 (P. M. et Th. 35).
> Très belle épreuve sur Chine. Rare.

514. La Charrue (Th. et P. M. 81). Eau-forte in-fol.
> Très belle épreuve avant le nom de l'imprimeur Liénard.

515. Le Cardinal Manning, lithographie.
> Très belle épreuve sur Chine, *signée*.

LEHEUTRE (GUSTAVE).

516. Les deux petites Musiciennes. Pointe sèche in-fol.
> Très belle épreuve imprimée en plusieurs tons, *signée*.

517. Les Bateaux Parisiens à Auteuil. In-fol.
> Superbe épreuve, *signée* et numérotée (n° 1).

518. Le Port au bois, à Troyes. Pointe sèche in-fol.
> Superbe épreuve, *signée* et numérotée.

519. Place du Réservoir à Montmartre. — Les Tanneries à Montar-
gis. — Rue de l'Isle, à Troyes. — La Maison de campagne. Quatre pièces in-8 et in-4.
> Très belles épreuves *signées* et numérotée, la troisième imprimée
> en deux tons.

LENOIR (Marcel)

520. L'Éducation. — Le Monstre. — Évocation. Huit pièces, y compris deux épreuves biffées.

> Belles épreuves, cinq imprimées en chromolithographie.

LEPÈRE (Auguste).

521. Le Jardin des Tuileries. Bois en couleurs.

> Superbe épreuve *signée* et numérotée (n° 8).

522. Le Palais de Justice. Bois en couleurs.

> Superbe épreuve sur papier du Japon, *signée*.

523. Rue de la Montagne-Ste-Geneviève. Gravure sur bois.

> Superbe épreuve du 1er état avec *remarque*, sur papier du Japon, *signée* et numérotée (n° 3). Cet état n'a été tiré qu'à 5 exemplaires.

524. Le Marché aux Pommes, petite planche en hauteur.

> Deux très belles épreuves, une du 1er état, l'autre *signée* et numérotée (n° 7).

525. Le Marché aux Pommes. Eau-forte in-fol.

> Très belle épreuve, *signée* et numérotée (n° 6).

526. Sur la Seine. Eau-forte petit in-fol.

> Superbe épreuve sur papier du Japon, *signée* et numérotée (n° 1). Rare.

527. Ile de Grenelle. Lithographie in-fol.

> Très belle épreuve sur Chine volant.

528. Le Dimanche aux environs de Paris, d'après Vierge. Estampe in-fol., gravée sur bois.

> Très belle épreuve sur Japon pelure, *signée* et numérotée (n° 3).

529. Approche d'orage (Bords de la Seine, à Paris). — Boulevard Bonne-Nouvelle. Deux gravures sur bois.

> Très belles épreuves d'artiste, sur papier du Japon, la seconde *signée*.

530. Centaure enlevant une Nymphe (bois). — Le Dimanche, à la barrière (lithographie). — Retour du Pêcheur (lithographie). Trois pièces.

> Très belles épreuves, les deux premières sont *signées* et numérotées.

531. Colloque Sentimental, de P. Verlaine, deux états. — Le Lithographe, affiche? — L'Archet, titre de musique. — Pêcheurs. Huit pièces.

Belles épreuves, une est *signée*.

532. *Petite série d'Eaux-Fortes « Coins de Paris »*, suite de douze pièces y compris la couverture illustrée.

Très belles épreuves imprimées sur papier de Hollande ou du Japon, *signées*. N. B. Cette série n'a été tirée qu'à 30 exempl.

LÉVY (ALPHONSE).

533. Types Juifs. Huit lithographies.

Très belles épreuves sur papier du Japon ou de Chine, quatre *signées*.

LEWIS (ARTHUR).

534. Portrait de l'Artiste, par lui-même. Pointe sèche in-8, signée : A. A. L.

Très belle épreuve du 2ᵉ état, *signée* et numérotée (nᵒ 1). Cet état n'a été tiré qu'à 4 exemplaires.

LEYS (HENRI).

535. La Marche du Condamné (H. B. 6). Eau-forte.

Très belle épreuve.

LITHOGRAPHIES

536. **Études de Femmes.**

Quatre fascicules contenant ensemble douze lithographies par Helleu, Blanche, Puvis de Chavannes, Carrière, etc., couverture de F. Vallotton.

Très bel exemplaire, numéroté (nᵒ 1).

537. Au Coin du feu. — Types juifs. — Sur la plus haute branche..., etc. Neuf lithographies par G. Auriol, Burger, Goeneutte et Alph. Lévy.

Belles épreuves.

538. *Algraphischen Studien.* Dix-sept lithographies (sur dix-huit?) par Esser-Reynier, A. Mueller, Ostersetzer, etc.

Très belles épreuves, la plupart imprimées en couleurs.

539. Le Savant et la Vie. — Danseuses. — Scènes de genre. Vingt-deux pièces par Mesplès, Llovera, Ochoa, G. Marie, Lobel, etc.

Belles épreuves.

540. Sujets divers et Paysages. Vingt-quatre pièces par Giran, Vuillard. H. Detouche, Ibels, Rothenstein, Manuel Robbe, etc.

Belles épreuves, la plupart *d'artiste*, signées.

541. Sujets religieux. — Scènes de genre. — Paysages. Quarante-sept pièces par Dubois-Menant, Ogé, Eug. Cadel, Brindeau et autres.

Belles épreuves.

542. Sujets divers. — Paysages. — Scènes de Mœurs, etc. Cent pièces par divers artistes et de divers formats, un certain nombre *avant la lettre*.

LUCE (Maximilien).

543. Les Errants. — Sa Majesté la Famine. — La Vérité au Conseil de Guerre. — *La Vendange est scellée...* Six lithographies in-fol.

Très belles épreuves.

544. Coins de Paris : Le Petit Betting. Suite de huit lithographies sous couverture illustrée.

Belles épreuves sur papier de Chine. Deux exemplaires, soit seize planches.

545. Un Pianiste. — Le Boulanger. — Vieille femme cousant. — Nature morte, etc. Huit lithographies in-4.

Très belles épreuves d'essai, signées.

546. Vues, Paysages et Marines. Sept lithographies in-fol.

Superbes épreuves imprimées en couleurs, avec *remarque*, signées et numérotées.

546 *bis*. Le Peintre. — Le Vieillard malade. — Le Liseur. — Sur l'Herbe. — Les Ménagères, etc. Douze lithographies.

Très belles épreuves signées, une imprimée en couleurs.

LUIGINI (F.).

547. La Femme au Coucou. In-fol.

Superbe épreuve imprimée en couleurs, *signée* et numérotée (n° 6). Cette pièce n'a été tirée qu'à 25 exemplaires.

LUNOIS (ALEXANDRE).

548.   Baile de Flamenco (Séville). Lithographie en couleurs.

Sept très belles épreuves en divers états et de différentes impressions.

549.   Le Colin-Maillard. Lithographie en couleurs.

Superbe épreuve sur Japon, numérotée (n° 9).

550.   Le Corps de Ballet en scène. Lithographie en couleurs.

Superbe épreuve sur Japon pelure, numérotée (n° 1).

551.   La Corrida (album n° 1), suite de huit lithographies grand in-fol., contenant les sujets suivants : Entrée de la quadrille. — L'appel au taureau. — Les Banderilles. — Quieto. Une bonne pique. — Le Toréador blessé. — L'enlèvement du taureau. — Une Corrida à la campagne.

Superbes épreuves imprimées en couleurs sur papier de Chine, *signées* et timbrées : on a ajouté des épreuves de la planche de *noir* de chaque sujet. En tout dix-huit pièces.

552.   Une Fête populaire en Espagne. Lithographie en couleurs.

Superbe épreuve avec *remarque*, sur papier du Japon, *signée* et numérotée (n° 3).

553.   A l'Hippodrome. Lithographie in-fol.

Très belle et très rare épreuve *d'essai, signée*.

554.   Le Jeu de Volant. Lithographie en couleurs.

Superbe épreuve sur Japon mince, *signée* et numérotée (n° 15).

555.   Le Menuet. Lithographie grand in-fol.

Superbe épreuve imprimée en couleurs, sur papier du Japon, *signé* et numérotée (n° 25).

556.   Reine de France.

Lithographie. Très belle épreuve imprimée en deux tons, d'une planche tirée à deux ou trois exemplaires seulement.

557.   Scènes de danse espagnoles. Deux lithographies in-fol.

Superbes épreuves imprimées en couleurs, sur papier du Japon, une numérotée (n° 3).

558.   Pénombre. — Intérieur hollandais. — Espagnole sur le pas de sa porte. Trois lithographies.

Très belles épreuves, les deux premières signées, la dernière imprimée en couleurs.

559. La Partie de raquette. — Baile de Flamenco. — Souvenir
d'Espagne. — La Toilette, etc. Six lithographies.

Très belles épreuves, cinq tirées en couleurs, deux signées.

560. Scène de genre. — Compositions pour l'Illustration. — Programmes. — Adresses d'Edmond Sagot. — Calendrier. —
Couverture, etc. Vingt lithographies.

Belles épreuves, un certain nombre en divers états d'essai, plusieurs
imprimées en couleurs.

561. Sujets divers. Vingt-trois lithographies.

Belles épreuves.

562. Les Lavandières, d'après H. Daumier. Lithographie grand in-fol.

Très belle épreuve sur papier du Japon, signée.

LUQUE (M.).

563. Portraits-charges du « Supplément du Monde Parisien ».
Suite complète de quarante-cinq planches, auxquelles on a
ajouté vingt-deux épreuves *avant la lettre*, soit en tout
soixante-sept pièces.

MALTESTE (LOUIS).

564. Antoine dans *Blanchette*, de Brieux. — Types de Vieilles.
Trois lithographies.

Belles épreuves.

MANET (EDOUARD).

565. Vignette de couverture, pour *Edouard Manet : Eaux-fortes*.
1874 (H. B. 1). Eau-forte.

Très belle épreuve tirée sur papier ancien.

566. Le Guitarrero, 1861 (H. B. 2).

Très belle épreuve du 2e état.

567. Les Gitanos (H. B. 4). — La Convalescente (40). — Mlle Morizot (54). — Au Paradis (61). — Couverture du Corbeau
(67), épreuve sur parchemin. Six eaux-fortes et lithographies.

Belles épreuves.

568. L'Infante Marguerite, d'après Velasquez (H. B. 11). Eau-forte.

Très belle épreuve tirée sur papier ancien.

569. Silentium (H. B. 17). Eau-forte.
> Très belle épreuve tirée sur papier ancien.

570. Mlle V*** en costume d'espada (H. B. 30). Eau-forte petit in-fol.
> Très belle épreuve.

571. Le Philosophe (H. B. 39). Eau-forte.
> Très belle épreuve tirée sur papier ancien.

572. Le Gamin faisant une bulle de savon (H. B. 41). Eau-forte.
> Très belle épreuve tirée sur papier ancien.

573. L'Enfant au chien (H. B. 42). Eau-forte.
> Très belle épreuve tirée sur papier ancien.

574. Le Gamin buvant à la régalade (H. B. 43). Eau-forte et pointe
sèche.
> Belle épreuve tirée sur papier ancien.

575. Jeanne (H. B. 53). Eau-forte.
> Très belle épreuve tirée sur papier ancien.

576. Mlle Morizot (H. B. 54-55). Deux lithographies.
> Très belles épreuves sur Chine fixé.

577. Mort de Maximilien à Queretaro (H. B. 56 .
> Belle épreuve du 2ᵉ état.

578. La Barricade (H. B. 57). — Guerre civile (58). Deux lithographies in-fol.
> Belles épreuves sur Chine.

579. Les Courses (H. B. 59). Lithographie in-fol.
> Très belle épreuve du 2ᵉ état, avec le nom de Lemercier, sur papier
> de Chine fixé.

580. Le Gamin (H. B. 60). Lithographie petit in-fol.
> Très belle épreuve.

581. Polichinelle (H. B. 72).
> Très belle épreuve imprimée en couleurs, sur Japon mince (légère-
> ment froissée).

582. Sujets divers et Portraits. Vingt-sept eaux-fortes et photo-
gravures, la plupart gravées par H. Guérard.
> Belles épreuves.

MARCAIS (G.).

583. Chez le Sorcier. — Le Soldat. — L'Ambition. — Fama. Quatre
pièces gravées sur bois.
> Très belles épreuves *signées*.

MARE (Tiburce de).

584 *Trente-trois Estampes pour les Œuvres de Molière, composées par F. Boucher.....* Paris, Lefilleul, 1881.

> Très belles épreuves avant la lettre, sur papier du Japon, signées, cartonnage de publication.

MARIE (Adrien).

585. Une Journée d'Enfant. Recueil factice de gravures sur bois par Clément Bellanger.

> Trente-une pièces, *épreuve d'essai*, en 1 vol., cart.

MARTIN (Henri).

586. La Muse. — Portrait de Femme. Deux lithographies.

> Belles épreuves.

MAUD.

587. Paysages et Marines, au coucher du soleil, 1898. Trois pièces in-fol.

> Superbes épreuves imprimées en couleurs, numérotées.

MAUFRA (Maximilien).

588. *En Bretagne, texte de Gustave Babin, Couverture d'Eug. Delâtre*, deux planches in-fol., sous couverture illustrée. — Le Cimetière. — Les Vagues. Six pièces in-fol., y compris la maquette originale d'Eug. Delâtre pour la couverture de *En Bretagne.*

> Très belles épreuves, signées, trois imprimées en couleurs.

MAURIN (Charles).

589. Portrait du peintre-lithographe H. de Toulouse-Lautrec.

> Très belle épreuve, *signée.*

590. Le Ruban dans les cheveux. Petit in-fol.

> Superbe épreuve imprimée en couleurs, *signée* et numérotée n° 4.

591. Le Lever. In-fol.

> Superbe épreuve imprimée en couleurs, sur papier du Japon, numérotée n° 2

592. L'Education sentimentale, 2e série. Huit eaux-fortes in-4.

> Très belles épreuves imprimées en deux tons et timbrées ; on y a joint deux épreuves d'essai et quatre reproductions. En tout quatorze pièces.

593. Baigneuses, 2 planches différentes. — La Femme dans un champ. Trois pièces in-fol.

> Très belles épreuves *signées*, deux imprimées en couleurs.

594. Portrait de Ravachol. — L'Enfant qui tête. — Portrait de Femme. — Au Square. Quatre eaux-fortes et vernis mou.

> Très belles épreuves, *signées*.

595. Gardeuse de vaches. — Baigneuse. — Le Cheval. — Femme au chien. — Au bord de la Mer. Cinq gravures en bois.

> Très belles épreuves, numérotées.

596. La République. — La Guerre. — Folies-Bergère. — Sujets divers et études. Onze eaux-fortes et lithographies.

> Belles épreuves, la plupart *signées*.

597. Etudes de Femmes et de Fillettes nues ou à leur toilette. Vingt-six pièces.

> Très belles épreuves, la plupart imprimées en couleurs sur papier du Japon et signées.
> N. B. Ce numéro pourra être divisé.

MEISSONIER (J. L. Ernest).

598. Le Sergent rapporteur (H. B. 14).

> Belle épreuve sur Japon.

599. Les Reîtres (H. B. 15). Eau-forte.

> Très belle épreuve sur papier de Chine (piquée).

MEISSONIER (d'après Ernest).

600. Les Amateurs d'estampes, par J. Jacquemart. — La Halte, par P. Le Rat. — Le Sergent recruteur, par Ed. Hédouin. Trois pièces.

> Très belles épreuves, la seconde non terminée.

601. Les Amateurs d'estampes. — Le Liseur. — Gentilshommes. — Défilé des populations lorraines devant l'Impératrice Eugénie. Dix eaux-fortes, par Jacquemart, Nargeot, Rajon, Carey, Ch. Blanc.

> Belles épreuves, une tirée sur *satin*.

MEMET (E.).

602. Portrait de Sarah Bernhardt, d'après Bastien-Lepage. Chromolithographie in-fol.

> Très belle épreuve d'artiste.

MESPLÈS (EUGÈNE).

603. Souvenir d'un Bal costumé à la Salpêtrière. Lithographie in-
fol.

> Belle épreuve, *signée.*

MEUNIER (CONSTANTIN).

604. Au Pays noir, huit eaux-fortes et couverture illustrée, gravées
par Karl Meunier, d'après Constantin Meunier, avec préface de C. Lemonnier. — Bruxelles, E. Deman. *s. d.* (1898).

> Très belles épreuves *signées*; exemplaire numéroté (n° 7).

605. Mineurs. Lithographie in-fol.

> Deux très belles épreuves, une sur papier de Chine.

MOREAU-NÉLATON (ÉTIENNE).

606. La Vieille et la Religieuse. Lithographie in-fol.

> Très belle épreuve tirée sur papier gris.

MOREL (PIERRE).

607. Sujets divers. Neuf eaux-fortes.

> Belles épreuves d'artiste, la plupart *signées.*

MOUCLIER (MARC).

608. La Mort et les Femmes. — Le Génie des Poètes français. —
A. Suzon. — Mort Sommeil. — Études et sujets divers.
Quarante-deux pièces.

> Belles épreuves, la plupart en épreuves d'artiste, *signées,*

609. *Rêve, Vie,* série de dix xylogravures. — *Rus,* série de dix xylogravures. Deux recueils in-4.

> Beaux exemplaires, sur papier du Japon, numérotés (n°s 2 et 3).
> Ces deux séries n'ont été tirées qu'à 5 exemplaires sur Japon.

MUCHA.

610. Vignettes pour illustrations. — Couvertures. — Programmes.
— Menus. — Almanachs. — Compositions décoratives.
Cent trente pièces.
   Belles épreuves, tirées à part, plusieurs en chromolithographie.

MULLER (ALFRED).

611. Bach. — Gluck. — Beethoven. — Wagner. Titre et quatre
planches in-fol.
   Très belles épreuves tirées sur papier du Japon, numérotées, et
renfermées dans le cartonnage de publication.

612. Portrait.
   Superbe épreuve imprimée en bistre, *signée*.

613. Suzanne Després dans *Poil de carotte*. — Marthe Mellot dans
la Gitane. — Portrait de femme, épreuve d'essai. Trois
pièces in-fol.
   Très belles épreuves imprimées en couleurs, *signées*.

614. La Promenade à Hyde-Park. Eau-forte in-fol.
   Superbe épreuve imprimée en couleurs, *signée* et numérotée (n° 9).

615. Devant le Moulin-Rouge.
   Superbe épreuve imprimée en couleurs, *signée*.

616. La Liseuse à la lampe. In-fol.
   Superbe épreuve imprimée en couleurs, *signée*.

617. Les deux Fillettes, dont une qui lit. In-fol.
   Superbe épreuve imprimée en couleurs, *signée*.

618. Autour du Piano. Trois compositions différentes, in-fol.
   Superbes épreuves *signées*, deux imprimées en couleurs.

619. La Ronde. In-fol.
   Superbe épreuve imprimée en couleurs, *signée*.

620. Les Lampions. Grand in-fol.
   Superbe épreuve imprimée en couleurs, *signée* et numérotée n° 2).

621. Fillette au Piano. — La Petite Fille au Chat. — Les deux Fillettes regardant un livre. Trois pièces in-4 et in-fol.
   Très belles épreuves, *signées*, la dernière imprimée en couleurs.

622. La Grande Liseuse. — Femme tenant un livre entr'ouvert. — Jeune Femme prenant un livre. — Les trois Fillettes lisant. — Femme lisant une lettre. Cinq pièces in-fol.

> Très belles épreuves, *signées*, deux imprimées en couleurs.

623. Baigneuses. Trois compositions différentes, in-fol.

> Superbes épreuves imprimées en couleurs, numérotées.

624. Nudité! — Femmes nues à leur toilette. — La Fillette jouant du piano. — L'Averse. — Bateaux à Dieppe, etc. Treize pièces in-4 et in-fol.

> Belles épreuves, *signées*, sept imprimées en couleurs.

625. Sujets divers. Quinze eaux-fortes et lithographies in-fol.

> Belles épreuves, six sont *signées*.

MURET.

626. Faust. — Paris, Auvray frères, *s. d.* Suite de vingt-six lithographies à la plume, avec la couverture de publication.

> Très belles épreuves.

MUYDEN (EVERT VAN).

627. Lion au repos. — La Jument et le Poulain. — Le Buffle. Trois lithographies in-fol.

> Très belles épreuves sur Chine.

NICHOLSON (WILLIAM).

628. *Almanach de douze Sports, étude sur William Nicholson et son art, par Octave Uzanne.* Paris. 1898. Album.

> Un des 50 exemplaires tirés sur papier du Japon (n° 9).

629. *An Alphabet.* — Londres, W. Heinemann, 1898. — *The Square book of Animals*, Londres, 1900. — *London Types.* — Londres, 1898. — *Almanach de douze sports*, Paris, 1898. Ensemble quatre albums.

630. La Reine Victoria. — Bismarck. — Lord Roberts. — Cecil Rhodes. — Sarah Bernhardt. — Whistler. — Kippling. Neuf pièces gravées sur bois.

> Très belles épreuves.

631. La Reine Victoria. — Prince de Galles. — Sir Henri Irving. —
J. Hawkins. — L'Archevêque de Canterbury. — Gladstone.
— Sarah Bernhardt. — Lord Roberts. — J. Whistler. —
R. Kipling. — Cecil Rhodes. — Prince de Bismarck. Douze
portraits publiés en recueil, par H. Floury.

> Très belles épreuves dans le cartonnage de publication.

NOURY (Gaston).

632. Sujets gracieux et compositions diverses. Trente-sept eaux-
fortes ou fac-simile de dessins en *épreuves d'essai*, y compris
deux croquis orignaux.

OCHOA (R. de).

633. Tentation. — La Toilette. — Têtes de Femmes, etc. Six pièces
in-fol.

> Très belles épreuves, cinq sur papier de Chine volant, une *signée*.

PAILLARD (Henri).

634. Au Pont Marie. Eau-forte in-4.

> Très belle épreuve imprimée en couleurs, *signée* et numérotée n° 2).

PEINTRES-GRAVEURS (Les).

635. **Les Peintres-graveurs.** — Paris, Vollard, *s. d.* (1896). Recueil de vingt-deux estampes originales par Besnard, Bonnard, Fantin-Latour, Renoir, Vuillard, etc.

> Très bel exemplaire, signé et numéroté (n° 9).

636. **Album d'Estampes originales** (2e année des Peintres-
Graveurs). — Paris, Vollard 1897. Recueil de trente-deux
estampes originales par Aman-Jean, Bonnard, Carrière,
Fantin-Latour, Forain, Grasset, Lunois, Redon, Sisley,
Whistler, etc.

> Très bel exemplaire, signé et numéroté n° 3 .

PEINTRES-LITHOGRAPHES.

637. Les Peintres-Lithographes, albums trimestriels de lithographies
originales et inédites, par Fantin-Latour, Eug. Carrière,
A. Lunois, Lepère, Desboutin, Willette. — Paris, *L'Artiste,*
1896-1897.

> Albums 1 à 7 inclus.

638. Les Peintres-Lithographes, 2ᵉ année, nᵒ 8. Albums de dix
lithographies originales, par Henri Martin, Léandre, Jeanniot, Checa, etc.

> Bel exemplaire, cart., de publication.

PICCINNI (ANTOINE).

639. Souvenirs de Rome. Suite de douze eaux-fortes, précédées
d'une préface par Jules Claretie.

> Très belles épreuves sur papier du Japon.

PIET (FERNAND).

640. La Nourrice. — Malice. — Étude. Deux eaux-fortes et une
lithographie.

> Très belles épreuves signées, une imprimée en couleurs.

641. Souvenirs de Bretagne. — Scènes de la Vie à Paris. — Croquis
pris au Théâtre. Dix-neuf lithographies.

> Très belles épreuves signées et numérotées, quelques-unes impri-
> mées en plusieurs tons.

PIGUET (RODOLPHE).

642. Une Française de 1889 (Portrait de Jeanne Granier). (H. B. 27).
Pointe sèche, in-fol.

> Très belle épreuve.

PISSARRO (CAMILLE).

643. Le Village dans les arbres. — Femme cueillant des choux.
Deux pièces.

> Belles épreuves *signées*, la première sur papier du Japon.

644. Le Retour des Champs. — Le Retour de la forêt. — Le Semeur
(gravé en bois, par Lucien Pissarro). Quatre lithographies et
une gravure en bois.

> Belles épreuves.

POTTER (LOUIS). —

645. Bettese y Cord. — Volendam Girl. — Vieille Femme hollandaise. Trois pièces, in-8.

> Très belles épreuves imprimées en couleurs, signées et numérotées.

PUVIS DE CHAVANNES (Pierre).

646. Portrait de Jeune Fille. Lithographie in-fol.

Très belle épreuve imprimée en sanguine, sur Chine fixé.

RAFFAELLI (J.-F.).

647. L'Actrice en scène. Eau-forte en couleurs.

Très belle épreuve sur papier du Japon, *signée* et numérotée (n° 34).

648. L'Actrice en voyage. Eau-forte en couleurs.

Très belle épreuve, *signée* et numérotée (n° 16).

649. Au bord de l'Eau. Eau-forte en couleurs.

Superbe épreuve sur Japon, *signée* et numérotée (n° 18).

650. La Lettre. Eau-forte en couleurs.

Superbe épreuve sur papier du Japon, *signée* et numérotée (n° 12).

651. La Modiste. Eau-forte en couleurs.

Superbe épreuve sur Japon, *signée* et numérotée (n° 14).

652. Paysage d'automne. Eau-forte en couleurs.

Superbe épreuve sur papier du Japon, *signée* et numérotée (n° 12).

653. La Promenade du Dimanche. Eau-forte en couleurs.

Très belle épreuve sur Japon, *signée* et numérotée (n° 10).

654. La Route aux grands arbres. — Le Chemineau. Deux pièces, in-4.

Très belles épreuves imprimées en couleurs, signées et numérotées.

655. La Vieille Femme arrosant des Fleurs. Eau-forte en couleurs.

Cinq exemplaires d'impression et d'état différents; très belles épreuves sur papier du Japon, signées et numérotées.

656. Les Invalides, 5 états. — Environs de Paris. — Le Marchand de Marrons. — Tête de fille à Soldats. — Paysages. — Scènes de mœurs. Quatorze pièces y compris six épreuves de planches biffées.

Belles épreuves, plusieurs signées.

RALLI-SCARAMANGA (T.).

657. Canal de Bordigues, Martigues. — Les Brescons, Martigues. Deux pièces.

Très belles épreuves imprimées en couleurs, *signées* et numérotées.

RANFT (Richard).

658. **Automne en Marne. Grande pièce en couleurs.**

> Belle épreuve, portant la mention suivante : *Epreuve d'état tirée par l'artiste, Richard Ranft.*

659. **Les Baigneuses. Grand in-fol.**

> Superbe épreuve imprimée en couleurs, *signée* et numérotée (n° 3).

660. **Au Bal masqué de l'Opéra. In-fol.**

> Superbe épreuve imprimée en couleurs, *signée* et numérotée n° 7.

661. **Le Bar. — Les Servantes. Deux pièces in-fol.**

> Très belles épreuves imprimées en couleurs, *signées*, la première en *épreuve d'état.*

662. **L'Embarquement. Grand in-fol.**

> Superbe épreuve imprimée en couleurs, *signée* et numérotée.

663. **Enfants au Square, 1900. Planche in-fol.**

> Superbe épreuve d'état, imprimée en couleurs par l'artiste et *signée.*

664. **L'Etoile. Planche in-fol.**

> Superbe épreuve imprimée en couleurs, *signée* et numérotée n° 3.

665. **Le Port Breton (Sables-d'Olonne). In-fol.**

> Superbe épreuve imprimée en couleurs, *signée* et numérotée.

666. **Les Régates. Planche in-fol.**

> Superbe épreuve imprimée en couleurs, *signée* et numérotée (n° 9).

667. **La même estampe.**

> Superbe épreuve *d'artiste*, imprimée en couleurs, avec *dédicace.*

668. **Salut de l'Ecuyère.**

> Superbe épreuve imprimée en couleurs, *signée* et numérotée.

669. **Album de Richard Ranft. Préface de Maurice Guillemot. — Bruxelles, Kistemaeckers, s. d.**

> Exemplaire sur papier du Japon auquel on y a joint le *dessin original* d'une des planches.

670. **La Modiste. — Aux Courses.**

> Deux *monotypes* ou épreuves uniques, imprimées en couleurs, *signés.*

671. **Aux Folies-Bergère. — Sous les Saules. — La Fillette au car-lin. — La Femme au balcon. Quatre pièces in-fol.**

> Très belles épreuves d'artiste, *signées.*

672.   Danseuses de l'Opéra : la Leçon. — Danseuses sur la scène. —
La Danse en Espagne. — Scène de Danse. Quatre pièces
in-fol.

> Très belles épreuves imprimées en couleurs, *signées* et numérotées.

673.   La Puce. — Frontispice pour *La Plume*. — Paysan au repos.
— Au Jardin. Quatre pièces.

> Très belles épreuves, *signées*, la troisième est un *monotype* ou
épreuve unique.

674.   Arlequin, Pierrot et Colombine. — Mezzetin. — Pierrot
galant. — Scène de genre. Cinq pièces in-fol.

> Superbes épreuves imprimées en couleurs, quatre sont *signées*.

675.   Bal masqué. — Bal public. — Déguisés. — L'Ecuyère. Six
pièces in-fol.

> Très belles épreuves imprimées en couleurs, cinq sont *signées*.

676.   La Cueillette des Cerises. — Les deux Femmes au théâtre. —
Eplucheuses de légumes. — Idylle. — Au Bord de la mer.
Six pièces.

> Très belles épreuves *signées*, cinq sont imprimées en couleurs.

677.   Promenade matinale. — Le Bonhomme Hiver. — Le Jeune
Canotier. — A la Campagne, etc. Sept pièces, in-4 et in-fol.

> Très belles épreuves imprimées en couleurs, *signées*.

RASSENFOSSE (A.)

678.   La Jeune Sorcière. Pointe sèche. In-fol.

> Très belle épreuve tirée sur papier du Japon, signée, numérotée et
timbrée.

679.   L'Organe du Diable, pour un Conte d'Octave Uzanne. — Le
Joujou, 1892. — Singulier animal. — Coquetterie. — Tentation. Six pièces.

> Très belles épreuves, signées, une imprimée en deux tons.

680.   Projet de frontispice pour la Jeune Belgique. — Hollandaise
assise. — L'Essai du corset. — Croquis. Six pièces.

> Belles épreuves, quatre sont signées. On y a joint un *croquis à la
plume* : une femme assise sur la crête d'un mur, tenant un feuillet.

681.   Le Nouveau Modèle. — Palpitations. — Danseuse. — Salomé
dansant. — L'Emerveillée. — L'Organe du Diable. Six pièces.

> Très belles épreuves, signées.

682. Etudes de nu. — Croquis. — Frontispice. — Ex-libris. Dix pièces.

> Très belles épreuves, imprimées en divers tons, *signées.*

683. Compositions pour les *Fleurs du Mal*, de Baudelaire, en vue de l'édition des *Cent Bibliophiles*. Vingt-cinq pièces; la plupart d'entre elles n'ont pas été publiées.

> Très belles épreuves d'essai, en majeure partie imprimées en couleurs.

RASSENFOSSE, APOUX, NOURY

684. Variétés et Folâtreries artistiques. Trente-deux pièces par divers artistes.

> Belles épreuves sur Japon, avec nombreux croquis rehaussés d'aquarelle, en marges.

REALIER-DUMAS (Maurice).

685. Napoléon Iᵉʳ, affiche, 1895. — Jane. — Au bord de l'Etang. Trois lithographies, in-fol.

> Très belles épreuves imprimées en couleurs, *signées* et numérotées.

REDON (Odilon).

686. Apocalypse de Saint-Jean. — Paris, Vollard, *s. d.* Suite complète de douze lithographies dans la couverture de publication.

> Très belles épreuves sur papier de Chine fixé.

687. **A Gustave Flaubert,** *six dessins pour la* **Tentation de Saint-Antoine.** Suite complète de sept lithographies, y compris le frontispice.

> Très belles épreuves sur papier de Chine, dans la couverture de publication.

688. *Les Fleurs du Mal, Interprétations par Odilon Redon.* Huit planches sous couverture illustrée.

> Très belles épreuves.

689. Les Origines, suite de huit lithographies (manque la pl. VII). — Sulamite. — Jeune Fille, etc. En tout treize pièces.

> Belles épreuves, la plupart sur Chine, une imprimée sur Japon, en trois tons.

690. *Tentation de Saint-Antoine, texte de Gustave Flaubert*, 1888. Suite de dix lithographies.

> Très belles épreuves sur Chine, dans leur couverture de publication.

RÉGAMEY (FRÉDÉRIC).

691. Affiche pour la *Société populaire des Beaux-Arts*. Lithographie, in-fol.

> Très belle épreuve avant la lettre, tirée sur *teinte*.

REGOYOS (D. DE).

692. *Pais Basco* (Pays Basque) *croquis de album D. de Regoyos*, 1897. Suite de quinze lithographies dans la couverture de publication.

> Très belles épreuves, tirées en plusieurs tons.

RENOIR (AUGUSTE).

693. La jeune Mère. — Deux Sœurs. — Aux Bains de mer. — Etude de Femme. Quatre eaux-fortes et pointes sèches.

> Belles épreuves.

694. Les deux Fillettes. — Etude de jeune fille nue. Deux sujets sur la même pierre.

> Très belle épreuve sur Chine volant.

RENOUARD (PAUL).

695. Gambetta sur son lit de mort, 1er janvier 1883. Eau-forte in-fol.

> Très belle épreuve sur Chine, *signée*.

696. La même estampe.

> Très belle épreuve, *signée*.

697. La Mère de la Danseuse. Lithographie in-fol.

> Deux belles épreuves dont une sur Chine.

698. Maitre Labori, souvenir du Procès Zola. Suite complète de neuf pointes sèches.

> Très belles épreuves *signées* et numérotées n° 36.

699. *La Danse, vingt dessins transposés en harmonies de couleurs*. Suite de vingt planches dans le cartonnage de publication.

> Très bel exemplaire, numéroté (n° 24); on y a joint vingt-sept épreuves sur Chine, non montées.

700. Eaux-Fortes sur l'Opéra. Cinq couvertures illustrées et trente
et une eaux-fortes y compris trois doubles en états différents.

  Très belles épreuves, la plupart *signées*.

701. *Eaux-Fortes sur l'Opéra*. Vingt-neuf pièces en cinq séries,
avec leurs couvertures de publication.

  Très belles épreuves, *signées*.

702. Souvenirs de l'Affaire Dreyfus : Procès Zola. — Procès de
Rennes. Cinquante planches montées, renfermées dans un
cartonnage.

  Bel exemplaire, numéroté n° 56.

RIBOT (Théodule).

703. Emile Cardon. — La Prière. — Le Mets brûlé. — La Volaille
plumée. Quatre eaux-fortes.

  Belles épreuves; on y a joint deux pièces gravées d'après Ribot. En
  tout six eaux-fortes.

RIVIÈRE (Henri).

704. L'Hiver. Gravure sur bois en couleurs, grand in-fol.

  Neuf épreuves différentes du tirage successif des planches. Très
  belles épreuves, une signée et numérotée.

705. Paysages de Bretagne. Sept bois en couleurs, in-fol.

  Très belles épreuves sur papier du Japon

706. Les Aspects de la Nature. Suite de douze planches grand in-fol.
imprimées en couleurs.

  Très belles épreuves.

707. Paysages Parisiens. Suite de douze planches grand in-fol.,
imprimées en couleurs.

  Très belles épreuves.

708. Portrait d'Henri Rivière, par Henry Somm. — Paysages et
Marines. Dix pièces in-4 et in-fol.

  Très belles épreuves, la plupart signées, neuf imprimées en couleurs.

709. La Guillotine. — Le Convoi. — Les Filles. — Paysages.
Vingt-six eaux-fortes y compris plusieurs doubles.

  Très belles épreuves, la plupart sur Japon et timbrées.

ROBBE (Manuel).

710. Les Avoines. — Les Terrassiers. Deux pièces in-fol.
Superbes épreuves imprimées en couleurs, *signées*.

711. Baigneuses. Quatre compositions différentes, dont deux en forme *d'éventail*.
Superbes épreuves imprimées en couleurs, *signées*.

712. La Femme regardant des estampes. In-fol.
Superbe épreuve imprimée en couleurs, *signée* et numérotée (n° 9).
Cette pièce n'a été tirée qu'à 15 exemplaires.

713. La Femme à l'Eventail. — Femme couchée dans l'herbe. Deux pièces in-fol.
Superbes épreuves imprimées en couleurs, *signées* et numérotées.

714. Fille de Brasserie. In-fol.
Superbe épreuve imprimée en couleurs, *signée* et numérotée (n° 1).
Cette estampe n'a été tirée qu'à 10 exemplaires.

715. Le Petit Déjeuner. In-fol.
Superbe épreuve imprimée en couleurs, *signée* et numérotée (n° 14).

716. Intérieur d'artiste. In-fol.
Superbe épreuve imprimée en couleurs, *signée* et numérotée (n° 6).

717. Lassitude. Eau-forte in-fol.
Superbe épreuve imprimée en couleurs, *signée*.

718. Promenade au Crépuscule. Grand in-fol.
Deux très belles épreuves imprimées en couleurs, de tonalités différentes, *signées*.

719. La Pianiste. — A l'Atelier. Deux pièces in-fol.
Très belles épreuves imprimées en couleurs, *signées*.

720. Scierie au bord de l'Ornaing. — Le Verger à Houdelaincourt. Deux pièces in-fol.
Belles épreuves imprimées en couleurs, *signées*.

721. Le Marin. — Silhouettes de femmes. Trois pièces.
Très belles épreuves. *signées*, la première imprimée en couleurs.

722. L'Examen. — Le Tub. — Repos. — Femme se peignant les yeux. Quatre pièces in-fol.
Très belles épreuves imprimées en couleurs, *signées*.

723. La Femme se mirant dans une glace. — Femme nue se chauffant. — Le Lever — Femme assise, mettant ses bas. Quatre pièces in-fol.
Superbes épreuves imprimées en couleurs, *signées*,

724. Intimité. — Espièglerie. — Le Coucher. Cinq pièces in-4 et in-fol.

> Très belles épreuves imprimées en couleurs, *signées*, la 1re, numérotée.

725. Surprises. — La Balançoire. — A la Fête. — Les Laveuses. — L'enterrement, etc. Onze pièces.

> Très belles épreuves, *signées*, trois sont imprimées en couleurs.

ROBIDA (A.).

726. Vues du Vieux Paris. — La Tour Eiffel. — Scènes de genre. — Croquis. Quatorze lithographies.

> Très belles épreuves d'artiste, sur papier de Chine.

RODIN (AUGUSTE).

727. Victor Hugo, en buste, de trois quarts à droite (H. B. 1).

> Très belle épreuve d'artiste, signée.

728. Victor Hugo, en buste, vu de face (H. B. 2).

> Très belle épreuve d'artiste, *signée*.

729. Croquis de Femmes vues. Quatre pièces in-fol.

> Très belles épreuves *signées*, trois sont avec *dédicace*.

RŒDEL (AUGUSTE).

730. Diplôme du Centenaire de la Lithographie. — Banquet d'André Gill. — Portraits de Femmes. Cinq lithographies in-fol.

> Très belles épreuves d'artiste, quatre sont signées.

731. Défense de toucher aux Fruits verts. — Tête d'Enfant. — Portrait de Femme. — Programme. Sept lithographies.

> Très belles épreuves d'artiste, six sur papier de Chine ou du Japon.

732. Souvenir d'Espagne. — *Y a d'autres sales bêtes que les z'homards.* — Symphonie héroïque. — Diplôme du Centenaire de la Lithographie. — Sujets divers. Vingt-trois lithographies.

> Belles épreuves, la plupart en épreuves d'artiste, signées.

ROPS (Félicien).

733. Scènes de genre. — Caricatures. Douze lithographies extraites
de l'*Uylenspiegel*.

> Belles épreuves. On y joint la suite des dix *Devises* reproduites par
> la photogravure.

734. Portraits-charges : Barielle. — Fétis (tirage à part). — Goos-
sens. — Maria Ristori. — Jean Rousseau. — Soubre. —
François Wilbrant. Sept lithographies extraites de l'*Uylenspiegel*.

> Belles épreuves.

ROPS (d'après Félicien).

735. L'Enterrement au pays Wallon, gravé par Bertrand. In-fol.

> Très belle épreuve sur papier du Japon, avec *remarque*.

ROY (P. Marius).

736. Le Quai Vert, à Bruges. — Porte de ville. — Une vieille Rue.
Trois eaux-fortes petit in-fol.

> Très belles épreuves imprimées en couleurs, *signées*.

SALON DU CHAMP-DE-MARS.

737. Album d'eaux-fortes originales, par des artistes du Salon du
Champ-de-Mars, 1893. Vingt eaux-fortes par Puvis de Cha-
vannes, Paul Mathey, Billotte, Thaulow, Duez, Helleu,
Lerolle, etc.

> Très belles épreuves sur papier du Japon, dans le cartonnage de
> publication.

SARDOU (Victorien).

738. La Maison de Mozart. — Quartier des Animaux chez Zoroastre.
Deux eaux-fortes au trait, signées : *Victorien Sardou medium*.

> Belles épreuves. Rares.

SCHMUTZER (Ferdinand).

739. Jeune Tyrolienne. — Hollandaise lisant. Deux eaux-fortes.

> Très belles épreuves, signées.

SCHULLER (C.).

740. Coqs, poules et canards, au bord d'un Étang. Eau-forte petit in-fol.

> Très belle épreuve imprimée en couleurs, numérotée (n° 8); tirée à 25 exemplaires.

SIGNAC (PAUL).

741. Les Andelys. — Flessingue. — Les bateaux. — La Bouée. — Marine, etc. Huit lithographies in-fol.

> Superbes épreuves, six imprimées en couleurs, signées et numérotées.

SOMM (HENRY).

742. Japonisme. Pointe sèche, petit in-fol.

> Cinq belles épreuves en divers états, signées.

743. Calendriers pour 1878, 1879, 1882, 1885, 1887, 1890, 1891. Quinze pièces y compris plusieurs doubles en divers états.

> Belles épreuves, la plupart signées.

744. Mon Carnet, titre et 10 petites planches sous couverture illustrée. — Chansons folles, de Nadaud. — Croquis divers. — Adresses. Trente-deux pièces.

> Belles épreuves, la plupart en premier état, sur papier du Japon, signées.

745. Sujets divers. — Vignettes. — Croquis. Quatre-vingts petites pièces.

> Belles épreuves, la plupart en *épreuves d'artiste*, signées.

SPRINKMANN (H.).

746. Le Modèle, 1900. Lithographie in-fol.

> Très belle épreuve imprimée en couleurs, signée et numérotée n° 1; tirée à 5 exemplaires seulement.

STEINLEN (R. A.).

747. Tête de jeune Garçon.

> Très belle épreuve d'un *monotype* ou *épreuve unique*, signée.

748. Le Départ au Lavoir. Eau-forte in-fol.

> Superbe épreuve imprimée en couleurs, timbrée et numérotée (n° 7.

749. Les trois Ouvrières (Société des Cent Bibliophiles). Eau-forte in-fol.

> Très belle épreuve imprimée en deux tons, numérotée (n° 15).

750. Femme nue lisant une lettre. Eau-forte petit in-fol.

> Très belle épreuve imprimée en couleurs, *signée* et numérotée (n° 10).

751. La petite Modiste. — Les deux Blanchisseuses. Deux eaux-fortes in-fol.

> Superbes épreuves imprimées en couleurs, *signées*, la première numérotée (n° 1).

752. L'Averse. — La jeune Blanchisseuse. — La Modiste suivie. — Filles et Souteneurs. Quatre eaux-fortes.

> Très belles épreuves imprimées en couleurs, sur papier du Japon, *signées*.

753. Compositions politiques et sociales. Trente lithographies publiées dans *Le Chambard*, y compris une planche *inédite*.

> Très belles épreuves tirées à part, numérotées et timbrées.

754. Planches doubles de la suite précédente. Dix-neuf lithographies.

> Très belles épreuves tirées à part, imprimées en couleurs (sauf une), timbrées et numérotées.

755. Chansons de Femmes. Suite complète de quinze lithographies, avec la table des matières.

> Très belles épreuves dans la couverture de publication; exemplaire n° 6 (tirage à 25).

756. La République Universelle. Lithographie grand in-fol., signée *Petit Pierre*.

> Très belle épreuve, numérotée (n° 8).

757. Le Sabre. Lithographie in-fol.

> Superbe épreuve, *signée* et numérotée (n° 1).

758. Au Palais. — Le Secret. Deux lithographies in-fol.

> Superbes épreuves, *signées* et numérotées (n°s 2).

759. A Biribi. — Magistrature et Armée. Deux lithographies in-fol.

> Superbes épreuves, *signées* et numérotées (n°s 4 et 8).

760. L'Enterrement. — Sauvagerie ou la Foule. Deux lithographies in-fol.

> Superbes épreuves signées et numérotées (n°s 1 et 2).

761. Pilori des Masques. — A l'Usine. — Triomphe de l'argent. Trois lithographies in-fol.

> Très belles épreuves, *signé*s et numérotées (n°s 1, 3 et 4).

762. Filles et Souteneurs. Deux lithographies in-fol.

> Très belles épreuves sur papier de Chine volant, *signées* et numéro-
> tées n° 18.

763. Femme nue assise sur un divan, 1896. — Une Fille. — Le
  Baiser. Trois lithographies in-fol. et in-4.

> Très belles épreuves, deux *signées* et numérotées.

764. Misère. — Les deux Blanchisseuses. — Intérieur d'omnibus. —
  Tentation. Quatre lithographies in-fol.

> Très belles épreuves *signées* et numérotées (n°° 2 et 3).

765. L'Expulsion. — La Mort du Malheureux. — Le Prisonnier. —
  Grévistes. Quatre lithographies in-fol.

> Très belles épreuves, *signées* et numérotées.

766. Fille et souteneur. — Modiste. — Études de Femmes. Quatre
  eaux-fortes et pointes sèches.

> Très belles épreuves *signées* et numérotées, la première imprimée
> en couleurs.

767. Sur la Plage, motif d'éventail. Lithographie in-fol.

> Très belle épreuve imprimée en couleurs, sur papier du Japon.

768. Aux vrais Pauvres, les mauvais Riches. — *En R'montant... le
  Boul'vart Saint-Miche...* — ... (L'Estampe moderne, 1896).
  — *En attendant!* — *Au Bénéfice de la Crèche du 16ᵉ Arrᵗ.*
  Six lithographies.

> Très belles épreuves, *signées*.

769. La Vérité. — Expulsion. — Chanson des Rues. — Bal public.
  — Les Chats, etc. Quatorze pièces.

> Belles épreuves, plusieurs en *épreuves d'artiste.*

770. Aux vrais Pauvres : les mauvais Riches. — En attendant! —
  Société des Conférences populaires. — La Feuille. — Des
  Chats. — La Traite des Blanches. Neuf lithographies.

> Belles épreuves, deux *signées* et numérotées.

771. *Psycologie du Militaire professionnel*, par A. Hamon. Lithographie in-fol.

> Deux très belles épreuves, timbrées et numérotées, une tirée en
> plusieurs tons.

772. Titres de Morceaux de Musique, publiés par Enoch. Six lithographies.

> Très belles épreuves tirées à part, signées et numérotées (n° 6 sur
> un tirage limité à 20 exemplaires).

773. Titres de Chansons : L'Aveu de la faute, 3 épreuves différen-
    tes. — Maman, *id.* — Femme de Chagrin, *id.* — Muguette,
    2 épr. diff. — Prière marmitale, 3 ép. diff. Quatorze
    lithographies.

        Très belles épreuves *avant la lettre*, sur Chine ou Japon, signées et
        numérotées.

774. Titres de Chansons : La Mort de Jésus. — Mon Homme !
    2 épr. — Dans l'xviiieme. — Muguette. — Les Pauv' p'tits
    Fieux. — La Pêcheuse, 3 épr. — Pochardiana, 4 épr. —
    Séparation, 3 épr. Seize lithographies.

        Très belles épreuves, la plupart *avant la lettre*, sur papier de Chine
        ou du Japon, plusieurs signées.

774 *bis.* Titres de Chansons : La Râfle, 3 épr. diff. — A l'Atelier. —
    A Auteuil, 4 épr. — A la Barrière. — Ballade du ventre,
    2 épr. — Les Blanchisseuses. — Boul'vart des Capucines.
    — La Chanson de la Vie, 3 épr. — Dans l'xviiieme. Dix-sept
    lithographies.

        Belles épreuves, la plupart *avant la lettre*, sur papier de Chine ou
        du Japon.

775. Titres de chansons : Déclaration, 2 épreuves. — Député, *id.* —
    Douce Ivresse, 4 épr. — Les Gaudissarts, 2 épreuves. —
    Les Gavroches, 2 épr. — Les Journalistes, 2 épr. — Lettre
    d'un Gréviste. — Mon p'tit salé. Dix-sept lithographies.

        Belles épreuves, la plupart *avant la lettre*, sur papier de Chine ou
        du Japon.

776. La Pêcheresse. — Sérénade Montmartroise. — Les Suiveurs.
    — Sur le Tas, 3 épr. — Les Omnibus. — Du Mouron... —
    La Grande Armée. — Chansons de Paris. — A la Trinité, etc.
    Vingt-trois lithographies.

        Belles épreuves, cinq *avant la lettre*.

STÉPHANE.

777. Le Flirt. — Bruxelles, H. Kistemaekers, *s. d.* Deux albums
    in-4.

        Exemplaire sur papier du Japon, non coupés.

SUNYER.

778. Au Moulin-Rouge. Deux compositions différentes.

        Superbes épreuves imprimées en couleurs, signées.

778 *bis*. Le Soir au Tuileries. — Scènes de la rue. — Au Café concert. Dix pièces in-4.

> Très belles épreuves, signées, six imprimées en couleurs.

SYLVESTRE (J.-E.).

779. Frontispice pour l'*Ane mort*. — La Sorcière. — Eglise de Vaux. — Une consultation à Lourcine. Etudes de nu. Trente pièces.

> Très belles épreuves, en divers états, signées.

TEN CATE.

780. Vue de Rotterdam. Lithographie in-fol.

> Très belle épreuve imprimée sur Japon, *signée*.

THORNLEY (G. W.).

781. Sujets divers, d'après Degas. Suite complète de quinze lithographies dans le cartonnage de publication.

> Belles épreuves.

TOUSSAINT (HENRI).

782. Portraits d'Ecrivains modernes : Alexandre Dumas fils. — Coppée. — Jules Claretie. — Guy de Maupassant. — Émile Zola. — Jean Richepin. — Alphonse Daudet, etc.

> Trente-huit pièces en épreuves d'états différents, signées.

TOUSSAINT (LOUIS).

783. L'Abside de Notre-Dame de Paris, 1900. Lithographie in-fol.

> Deux très belles épreuves imprimées en couleurs, sur Chine volant.

TRIGOULET, TRUCHET (ABEL), VALLET (A.).

784. Le Ballet. — Son Épouse. — A Montmartre. — Boulevard Rochechouart, etc. Neuf pièces.

> Très belles épreuves, plusieurs imprimées en couleurs.

VALTAT (LÉON).

785. Paulette et Margot. — Etudes de Femmes. Quatre pièces gravées sur bois.

> Belles épreuves imprimées en couleurs, signées.

VALLOTTON (Félix).

786. Intimités. — Suite complète de dix planches gravées sur bois, dans le cartonnage de publication.

Très belles épreuves, signées et numérotées (n° 22).

786 *bis*. **Portraits** : Huysmans (J.-K.). — Ibsen. — Dostoiewski. — Edgar Poe. — Schumann. — Stendhal. Sept pièces gravées sur bois.

Très belles épreuves, six sont signées.

787. Modistes. — Les Chanteurs. — Le Monôme. — Deuxième Bureau. — Au Violon. — Portraits-charges, etc. Dix-sept pièces gravées sur bois ou lithographiées.

Belles épreuves, plusieurs signées.

788. Roger et Angélique. — Le Mur. — Le Poker. — La Paresse. — Le mauvais Pas. — La Modiste. — L'Exécution. — A vingt ans, etc. Quatorze pièces gravées sur bois et une lithographie.

Très belles épreuves, signées.

789. **Les Musiciens** : Le Violon. — Le Violoncelle. — Le Piano. — La Flûte. — La Guitare. — Le Piston. — Scènes de la Rue : L'Averse. — L'Anarchiste. — La Charge. — Le Joyeux Quartier Latin. — Petits Anges. — Les petites Filles. — La Sortie. — Le Suicide. Dix-sept pièces gravées sur bois.

Très belles épreuves, signées.

VEBER (Jean).

790. Un Boucher. Lithographie in-fol.

Superbe épreuve imprimée en plusieurs tons, signée et numérotée.

791. La Justice protège la Fortune. Lithographie in-fol.

Deux très belles épreuves imprimées en couleurs, une *signée* et numérotée (n° 12).

792. Rana (la Grenouille). — Bataille de Dames. — La Toile d'araignée. Sept pièces in-fol., y compris quatre doubles.

Très belles épreuves imprimées en plusieurs tons, quatre signées

793. Dorothy. — Edgar Poe. — Départ pour le Sabbat. — Allégories satyriques. Douze lithographies.

Très belles épreuves, plusieurs signées.

794. Thaïs. — Vierge Sainte. — Paysage, par Lenormand. — Christmas. Frontispices et couvertures illustrées.

> Vingt-quatre pièces en *épreuve d'artiste*, de différents états et tirages,
> la plupart imprimées en couleurs avec fonds d'or.

VIERGE (DANIEL-URRABIETA).

795. Fumeuse de cigarette, 1888 (H. B. 4).

> Deux très belles épreuves sur Japon, d'une eau-forte exécutée par
> l'artiste, de la main gauche.

796. Illustrations pour Gil Blas de Santillane, le Calendrier de
Vénus, etc. Trente-quatre pièces gravées par A. Bellenger,
Perrichon et autres.

> Fumés et épreuves d'essai.

797. Compositions pour l'*Histoire de France*, de J. Michelet. Trois
cent vingt-sept vignettes gravées sur bois par divers artistes.

> Belles épreuves sur papier de Chine volant (sauf six épreuves).

VILLON (JACQUES).

798. Le Violoniste. — Scènes diverses. Cinq eaux-fortes et lithographies.

> Belles épreuves imprimées en divers tons, signées.

799. Ohé la Classe! — Bibi-la-Purée. — A la Brasserie. — Le Ma-
quillage, etc. Six pièces in-fol.

> Très belles épreuves imprimées en couleurs, signées.

VOGELER (H.).

800. Printemps. Eau-forte in-fol.

> Superbe épreuve imprimée en bistre. Très rare.

VUILLARD (ÉDOUARD).

801. Scènes intimes. Six lithographies.

> Belles épreuves, cinq sont *signées*.

802. *Douze Lithographies en couleurs, éditées par Vollard*. Suite
complète d'un frontispice et de douze lithographies imprimées en couleurs.

> Très belles épreuves, sur papier de Chine, signées.

WAGNER (T. P.).

803. L'Ile de la Fée. — L'Homme des Foules. — C'est ma Pensée qui pleure. — Malédiction. — Les Vagues. — Caresses. — La Chimère. Huit lithographies.

> Belles épreuves sur papier de Chine.

804. Vague lumineuse. — Malédiction. — Félins. — L'Ile de la Fée. — C'est ma Pensée qui pleure. — L'Homme des foules. — Caresses. — La Loge des Clowns. — Fleurs du Mal. Quatorze lithographies.

> Très belles épreuves, dix sont signées.

WELTI (H.).

805. La Guerre, 1888. Eau-forte in-fol.

> Très belle épreuve imprimée sur papier du Japon, paraphée.

WHISTLER (James Mac Neill).

806. Femme assise sur un canapé, 1893. — Lithographie.

> Très belle épreuve sur papier de Chine volant.

806 *bis.* Une Forge. — Portrait en pied de M. de Montesquiou ? — Homme assis dans son cabinet de travail. — Portrait de Femme. Six lithographies, y compris les trois variantes de la seconde pièce.

> Belles épreuves, trois sur Chine.

807. Les deux Femmes jouant du piano. — Portrait de Femme. — Études de Femmes. Six lithographies.

> Belles épreuves, quatre sur papier du Japon ou de la Chine.

WILLETTE (Adolphe).

808. Le Baiser. Lithographie in-fol.

> Très belle épreuve sur papier du Japon. On y a joint une épreuve de la pierre à moitié effacée, le motif du milieu, seul conservé. Deux pièces.

809. Intimité ? Lithographie in-fol.

> Très belle épreuve, numérotée n° 2.

810. Martyre chrétienne. Lithographie.

> Trois très belles épreuves tirées sur papier différents, une avec *remarque* et *signée*.

811. Pierrot conquérant, motif en forme d'éventail. Lithographie in-fol.

> Deux très belles épreuves, une sur Chine fixé, signée, la seconde tirée en sanguine.

812. La même estampe.

> Très belle épreuve tirée sur satin.

813. Soir d'Amour. Lithographie petit in-fol.

> Très belle épreuve sur papier de Chine fixé, *signée*.

814. La même estampe.

> Deux très belles épreuves, une imprimée en sanguine sur papier du Japon, la seconde tirée en bleu sur papier de Chine volant.

815. Le Petit Chaperon rouge. Lithographie grand in-fol.

> Quatre très belles épreuves de tirages différents, deux tirées en couleurs et *signées*.

816. *Chansons d'Amour.* — Paris, *La Plume*. Suite complète de dix lithographies, dans le cartonnage de publication.

> Très belles épreuves sur papier du Japon, imprimées en sanguine, avec *remarques*.

817. *Poèmes d'Amour*, par A. *Chapuis*. Ad. *Willette*, R. *Darzens*, 1895. Suite de dix lithographies, titre et cul-de-lampe, soit douze pièces.

> Très belles épreuves avec *remarque*, dans la couverture de publication.

818. *Ohé les Mœurs!* chansons par A. Sémiane et Hucks. Couverture et suite de dix lithographies, tirées à part.

> Très belles épreuves sur papier du Japon, numérotées (n° 15).

819. La même suite.

> Très belles épreuves sur Chine fixé, numérotées.

820. *Pauvre Pierrot.* Paris, M. Magnier, s. d. Frontispice et trente-cinq planches en feuilles dans le cart. de publication.

> Bel exemplaire.

821. Affiche pour la *Revue déshabillée*. — Affiche pour le Sultan rouge? Quatre lithographies.

> Très belles épreuves tirées sur différents papiers, une signée.

822. *Foyons ma betite Marianne...* — *Oh! Banville, n'abandonnez pas vos pierrots...* — *Ah! les affaires sont les affaires!* — *Dis-moi, mon Pierrot.* Cinq lithographies.

> Très belles épreuves, sur papier de Chine fixé, trois sont *signées*.

823. Tout simplement. — Les Enfants et la Mère. — La Vache en-
ragée. — Kermaria en Plougasnou, etc. Dix lithographies.
Belles épreuves, plusieurs sur Japon et *signées*.

824. Fêtes du Centenaire (22 septembre 1892). — Centenaire de la
Lithographie. — La Pieuse Erreur. — La Blanchisseuse du
Paradis. — Le Journal, Exposition. — Parfumerie X...
Quatorze lithographies y compris plusieurs doubles.
Belles épreuves, la plupart sur papier de Chine ou du Japon.

ZORN (Anders).

825. Portrait d'Ernest Renan, 1892 (H. B. 34).
Superbe épreuve.

826. Portrait de Paul Verlaine, 1895.
Superbe épreuve.

827. Sous ce numéro, il sera vendu par lots, environ 3000 eaux-
fortes et lithographies.

Paris. — Typ. Philippe Renouard, 19, rue des Saints-Pères. — 41781.

www.ingramcontent.com/pod-product-compliance
Ingram Content Group UK Ltd.
Pitfield, Milton Keynes, MK11 3LW, UK
UKHW031832170726
13836UKWH00004B/1638